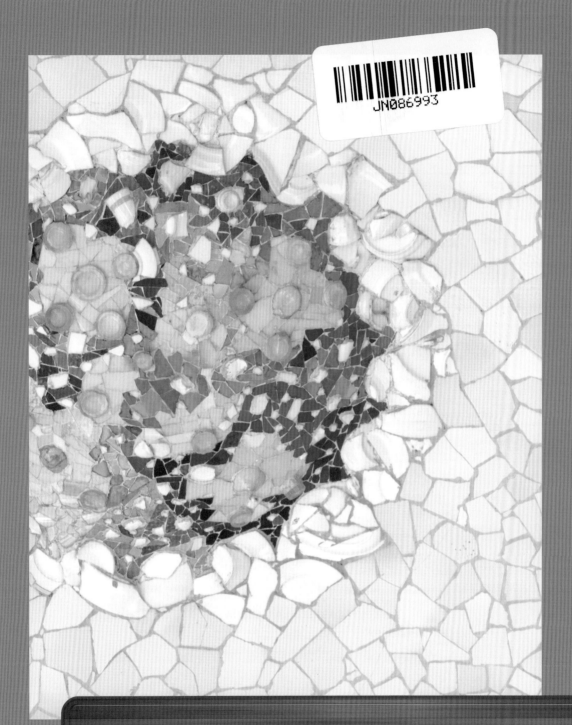

Español Colorido

Hiroko TSUJI   Mei NOMURA

Editorial ASAHI

PAÍSES
HISPANOHABLANTES

ISLAS CANARIAS

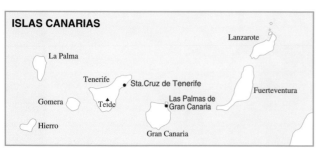

La Palma
Lanzarote
Tenerife
Sta.Cruz de Tenerife
Gomera
Teide
Las Palmas de
Gran Canaria
Hierro
Fuerteventura
Gran Canaria

ESPAÑA

Mar Cantábrico

FRANCIA

La Coruña
Gijón
Santander
Guernica
San Sebastián
Santiago
de Compostela
Oviedo
Lugo
ASTURIAS
CANTABRIA
Bilbao
PAÍS VASCO
Pamplona
ANDORRA
C.Finisterre
GALICIA
Vitoria
NAVARRA
Jaca
Pontevedra
León
Logroño
Huesca
Figueras
Vigo
Orense
Astorga
Burgos
LA RIOJA
Gerona
Palencia
Zaragoza
CATALUÑA
Miño
Soria
Lérida
Barcelona
Oporto
Zamora
CASTILLA-LEÓN
Duero
Tarragona
Douro
Valladolid
Ebro
ARAGÓN
Tortosa
Medina del Campo
Salamanca
Segovia
Teruel
Coimbra
Ávila
Guadalajara
Menorca
MADRID
Alcalá de Henares
Castellón de la Plana
Mallorca
PORTUGAL
MADRID
Cuenca
Palma
Tejo
Talavera de la Reina
Aranjuez
VALENCIA
ISLAS BALEARES
Tajo
Toledo
CASTILLA-LA MANCHA
Valencia
C.da Roca
Cáceres
Júcar
Ibiza
LISBOA
EXTREMADURA
Mérida
Alcázar de San Juan
Albacete
Formentera
Guadiana
Ciudad Real
Évora
Segura
Alicante
Elche
Guadalquivir
Córdoba
Murcia
Mar Mediterráneo
Jaén
MURCIA
Costa Blanca
Huelva
ANDALUCÍA
Cartagena
Sevilla
Granada
Málaga
Mulhacén
Almería
Cádiz
Costa del Sol
Algeciras
Gibraltar
Océano Atlántico
Ceuta
Estrecho de Gibraltar
ARGELIA
Melilla
MARRUECOS

Tijuana
Mexicali
ESTA
Ciudad Juárez
P.de la Baja California
Rio Grande
Chihuahua
Mor
MÉX
Guadalajara
Ciu
de M
Pop
Acapulco

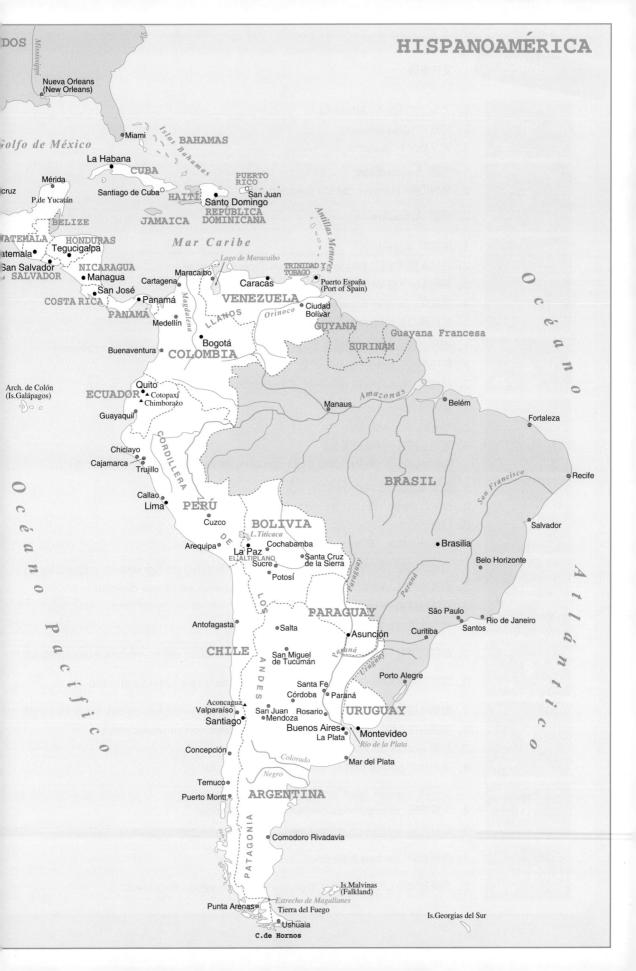

HISPANOAMÉRICA

文法事項
Gramática

Lección 1 p.1	1. アルファベット Alfabeto
	2. 発音 Pronunciación
	3. アクセント Acento

Lección 2 p.9	1. 名詞 Sustantivos
	2. 名詞の数 Número de los sustantivos
	3. 冠詞 Artículos

Lección 3 p.17	1. 形容詞 Adjetivos
	2. 主格人称代名詞 Pronombres personales de sujeto
	3. 動詞 ser El verbo *ser*
	4. 否定文、疑問文 Oraciones negativas e interrogativas
	5. 疑問詞 (1) Interrogativos (1)

Lección 4 p.25	1. 直説法現在 規則活用動詞 Presente de indicativo de los verbos regulares
	2. 疑問詞 (2) Interrogativos (2)
	3. 接続詞 (y, o, pero, porque) Conjunciones

Lección 5 p.33	1. 指示詞 Demostrativos
	2. 所有詞 Posesivos
	3. 曜日、日付、時間表現 (1) Expresiones de los días de la semana, de la fecha y de las horas (1)

Lección 6 p.41	1. 動詞 estar El verbo *estar*
	2. ser と estar El uso de *ser* y *estar*
	3. hay
	4. hay と estar El uso de *hay* y *estar*

Lección 7 p.49	1. 直説法現在 不規則動詞 (1) Presente de indicativo de los verbos irregulares (1)
	2. 直接目的格人称代名詞 Pronombres personales de objeto directo
	3. 間接疑問文 Interrogativas indirectas
	4. 時間表現 (2) Expresiones de las horas (2)

| Lección 8 p.57 | 1. 直説法現在 不規則動詞 (2) Presente de indicativo de los verbos irregulares (2) |
| | 2. 間接目的格人称代名詞 Pronombres personales de objeto indirecto |

Lección 9 p.65	1. 直説法現在 不規則動詞 (3) Presente de indicativo de los verbos irregulares (3)
	2. 前置詞格人称代名詞 Pronombres personales con preposiciones
	3. 動詞 gustar El verbo *gustar*
	4. その他の gustar 型動詞 Verbos del tipo *gustar*

Lección 10 p.73	1. 不定語・否定語 Indefinidos y negativos
	2. 天候表現 Expresiones de tiempo atmosférico
	3. 比較表現 (形容詞) Comparativos

| Lección 11 p.81 | 1. 再帰動詞 Verbos reflexivos |
| | 2. 再帰動詞のその他の用法 Otros usos de los verbos reflexivos |

会話 Conversación	旅行会話 Para viajar	語彙 Vocabulario
「こんにちは」	あいさつ	あいさつ Saludos 数字Ⅰ Números Ⅰ
「～をお願いします」	駅の窓口で	名詞Ⅰ (人、モノ) Sustantivos Ⅰ 曜日 Los días de la semana 親族名称・職業 Términos de parentesco y profesiones
「私は～です」	値段を尋ねる	形容詞Ⅰ Adjetivos Ⅰ
「何を勉強していますか？」	入国管理局で	規則動詞 Verbos regulares 数字Ⅱ Números Ⅱ 頻度表現 Expresiones de frecuencia
「これは私のものです」	店で	名詞Ⅱ (衣類) Sustantivos Ⅱ 月 Meses 序数 Números ordinales
「～はどこにありますか」	場所を尋ねる	形容詞Ⅱ Adjetivos Ⅱ 場所を表す副詞句、前置詞句 Locuciones adverbiales de lugar y preposiciones
「～と会いますか」	待ち合わせをする	不規則動詞Ⅰ Verbos irregulares Ⅰ 時を表す副詞句 Adverbios de tiempo 数字Ⅲ Números Ⅲ
「何が欲しいですか」	予約をする	不規則動詞Ⅱ Verbos irregulares Ⅱ 名詞Ⅲ (スペイン土産) Sustantivos Ⅲ
「～へ行きます」	病院で	tener 慣用句 Expresiones con el verbo tener 好きなもの、こと Gustos
「他には何もいりません」	試着をする	比較表現 Expresiones de comparación 天候表現 Expresiones de tiempo atmosférico
「何時に起きますか」	道を尋ねる	再帰動詞 Verbos reflexivos 道案内 Expresiones para enseñar caminos

は じ め に

　　『Español Colorido 彩り(いろど)スペイン語』は、大学で初級スペイン語を学ぶ人を対象にした教科書です。新しい言語を学び理解していくうえで必要な要素である文法を基礎に、基本単語を覚えられるようイラストを多く使い、またコミュニケーションがとれるよう基本のフレーズを練習する会話・アクティビティ・リスニングなど、バランスよく配されています。また授業形態も、大学での授業が文法・コミュニケーションがそれぞれ週1回（合計週2回）のパターン、文法のみあるいはコミュニケーションのみ週1回のパターンなど様々な形で使用できるよう考慮しています。

本書の構成、使い方例

各課は次のように構成されています。

1ページ目	**Vocabulario**: 各課で必要となる重要な単語を載せています。イラストを中心に覚えやすくしています。
2、3ページ目	**Gramática**: 文法の基本を簡潔に記しています。簡単な練習問題であるPrácticaで各項目を確認しましょう。
4ページ目	**Ejercicios**: 文法の練習問題Ejerciciosのページです。文法内容・項目に沿っているので1問ずつPrácticaの後に確認することもできます。
5ページ目	**Conversación**: 各課の文法項目を基礎にした会話です。ペアで会話練習後、応用問題のAplicamosで会話の内容を入れ替えて練習することもできます。
6ページ目	**Comprensión auditiva**: 音声の書きとりや、内容理解の問題です。文法やコミュニケーションの総まとめとして利用できます。また発展問題のAvanzamosがある場合は、聞きとり問題の前や、7、8ページの教室活動の発展問題として利用することもできます。
7、8ページ目	**Actividades comunicativas**: 7ページ目をA、8ページ目をBとして、ペアまたはグループでそれぞれのページを見ながらコミュニケーション練習ができます。学生同士のみで行えるようにしていますが、教員と何人かの学生という形でもよいでしょう。

　　最後になりましたが、本書の要の一つであるイラストを大量に、しかもイメージの合わないものは何度も描き直してくださったイラストレーターの木村襄之さん、スペイン語ネイティブとして修正をしてくださり録音にもご協力いただいた Vicente Otamendi 先生、Yolanda Fernández 先生、本書の企画・構成について何度もご相談しアドバイスをくださった朝日出版の山田敏之さん、山中亮子さん、実際に教科書を使用する中で実用的な修正点などアドバイスをくださった福岡大学の先生方、そして本書を作成するきっかけを与えてくださり、励ましと助言をくださった福岡大学の青木文夫先生に心より感謝を申し上げます。

2020年　盛夏

辻 博子、野村明衣

彩りスペイン語 **1-1**

音声URL

https://text.asahipress.com/free/spanish/espanolcolorido/index.html

あいさつ **Saludos** 1-1

Hola.

Buenos días.

Buenas tardes.

Buenas noches.

Muchas gracias. – De nada.

Adiós. Hasta luego.

¿Qué tal?

– Muy bien.   /

Normal.   /

Así así.   /

Mal.

¿Cómo se dice...?

¿Cómo se escribe...?

数字 I **Números I** 1-2

0 cero	1 uno	2 dos	3 tres	4 cuatro	5 cinco
6 seis	7 siete	8 ocho	9 nueve	10 diez	
11 once	12 doce	13 trece	14 catorce	15 quince	
16 dieciséis	17 diecisiete	18 dieciocho	19 diecinueve	20 veinte	
21 veintiuno	22 veintidós	23 veintitrés	24 veinticuatro	25 veinticinco	
26 veintiséis	27 veintisiete	28 veintiocho	29 veintinueve	30 treinta	

1-3　**1. アルファベット** Alfabeto

文字	名称	文字	名称	文字	名称
A　a	a	J　j	jota	R　r	erre
B　b	be	K　k	ka	S　s	ese
C　c	ce	L　l	ele	T　t	te
D　d	de	M　m	eme	U　u	u
E　e	e	N　n	ene	V　v	uve
F　f	efe	Ñ　ñ	eñe	W　w	uve doble
G　g	ge	O　o	o	X　x	equis
H　h	hache	P　p	pe	Y　y	ye (i griega)
I　i	i	Q　q	cu	Z　z	zeta

⚽**Práctica ❶**　次の略語を読んでみよう。

(1) CD　　　　　(2) UE　　　　　(3) DVD　　　　　(4) NHK　　　　　(5) USB

1-4　**2. 発音** Pronunciación

1) 母音

① 単母音

強母音 **a, e, o**　　gato ネコ　　　　　mesa テーブル　　　　foto 写真

弱母音 **i, u**　　　　fin 終わり　　　　uva ブドウ

② 二重母音

次の組み合わせを二重母音といい、1 つの母音として扱う。

強 + 弱　　　aire 空気　　　　euro ユーロ　　　　oigo (私は) 聞く

弱 + 強　　　familia 家族　　　siesta 昼寝　　　　agua 水

弱 + 弱　　　Luis ルイス（人名）　veintiuno 21

③ 三重母音

次の組み合わせを三重母音といい、1 つの母音として扱う。

弱 + 強 + 弱　　Paraguay パラグアイ　　estudiáis （君たちは）勉強する

1-5　2) 子音

b,v [b]	baile ダンス	biblioteca 図書館	Brasil ブラジル	vino ワイン
c [k]	casa 家	Colombia コロンビア	club クラブ	crema クリーム
[θ/s]	cena 夕飯	cine 映画		
ch [ʧ]	chico 少年	coche 車		
d [d]	dedo 指	doctor 医者	drama ドラマ	Madrid マドリード
f [f]	foto 写真	familia 家族	flor 花	Francia フランス

g	[g] (ga, go, gu)	gafas 眼鏡	goma 消しゴム	iglesia 教会
		Granada グラナダ		
	(gue, gui)	Guernica ゲルニカ	guía ガイド	
	[gw]	bilingüe バイリンガル	pingüino ペンギン	
	[x]	gente 人々	gimnasio ジム	
h	[-]	hospital 病院	historia 歴史	
j	[x]	Japón 日本	jirafa キリン	reloj 時計
k	[k]	kilo キログラム	karate 空手	
l	[l]	luna 月	libro 本	
ll	[ʎ/j]	paella パエリア	lluvia 雨	
m	[m]	mano 手	museo 博物館	
n	[n]	nube 雲	noche 夜	
ñ	[ɲ]	mañana 朝、明日	español スペイン語	
p	[p]	sopa スープ	pluma 羽	problema 問題
q	[k] (que, qui)	parque 公園	quince 15	
r	[ɾ]	cara 顔	hora 時間	
	[r] (語頭、n,l,s の後)	radio ラジオ	Enrique エンリケ	
rr	[r]	perro 犬	guitarra ギター	
s	[s]	siesta 昼寝	sonido 音	
t	[t]	tarea 宿題	tren 電車	
w	[w]	web ウェブ	whisky ウィスキー	
x	[ks]	examen 試験	texto テキスト	
	[s]	excursión 遠足	extranjero 外国人	
	[x]	México メキシコ	Texas テキサス	
y	[j]	yo 私	desayuno 朝食	
	[i] (単独、語末)	y そして	ley 法律	
z	[θ/s] (za, zo, zu)	pizarra 黒板	luz 光	

⚠️ 二重下線の組み合わせを二重子音といい、間に母音を入れないように一気に発音する。

⚽**Práctica ②**　次の語の二重母音に下線を、三重母音に波線を引こう。

(1) cuatro　　(2) Uruguay　　(3) seis　　(4) teatro　　(5) diez

3. アクセント Acento　　1-6

① 母音または -n,-s で終わる語は、後ろから 2 つ目の母音にアクセントがくる。

clima　　hombre　　joven　　lunes

② それ以外の語は、最後の母音にアクセントがくる。

hotel　　universidad　　mujer　　reloj

③ アクセント符号がある語は、その位置にアクセントがくる。

sofá　　Perú　　estación　　japonés

⚽**Práctica ③**　次の語のアクセントのある母音を○で囲もう。

(1) hotel　　(2) mesa　　(3) país　　(4) siete　　(5) ciudad

Ejercicios

1 子音の読み方に注意して次の語を発音してみよう。

(1) cena	(2) Japón	(3) universidad	(4) gente
(5) juguete	(6) pingüino	(7) parque	(8) examen
(9) ley	(10) Texas	(11) hijo	(12) mujer

2 アクセントのある母音に注意して次の語を発音してみよう。

(1) Colombia	(2) Nicaragua	(3) México	(4) Perú
(5) Puerto Rico	(6) Honduras	(7) Paraguay	(8) Guatemala
(9) España	(10) Argentina	(11) Bolivia	(12) Venezuela
(13) Cuba	(14) Panamá	(15) Ecuador	(16) El Salvador
(17) Costa Rica	(18) Chile	(19) República Dominicana	
(20) Uruguay	(21) Guinea Ecuatorial		

3 数字をスペイン語で書いてみよう。

(1) 6	(2) 1	(3) 5	(4) 2	(5) 3
(6) 4	(7) 9	(8) 7	(9) 8	(10) 10

Conversación

1-7 **1**

A: Hola. Buenos días. ¿Qué tal?

B: Muy bien, gracias, ¿y tú?

A: Muy bien.

1-8 **2**

A: Hola. Me llamo Diego. ¿Cómo te llamas?

B: Me llamo Ana. Encantada.

A: Mucho gusto.

1-9 **3**

A: Muchas gracias.

B: De nada.

1-10 **4**

A: Adiós. Hasta luego.

B: Hasta luego. Buenas noches.

1-11 **5**

A: ¿Cómo se dice "SAYONARA" en español?

B: Se dice "adiós".

A: ¿Cómo se escribe?

B: Se escribe a, de, i, o con acento, ese.

1-12

その他のあいさつ、教室で使用する単語

Sí / No.	Más despacio, por favor.
Nos vemos.　　Chao.	Más alto, por favor.
Hasta mañana.	Otra vez, por favor.
Hasta la próxima semana.	

Comprensión auditiva

1-13 **1** アルファベットを書きとろう。

(1)　　　　　　(2)　　　　　　(3)　　　　　　(4)　　　　　　(5)

1-14 **2** 数字を聞いて、スペイン語で書こう。

(a)　　　　　　　　　　(b)　　　　　　　　　　(c)

(d)　　　　　　　　　　(e)

1-15 **3** アルファベットを聞いて、単語を完成させよう。

(1)　　　　　　　　　　(2)　　　　　　　　　　(3)

(4)　　　　　　　　　　(5)　　　　　　　　　　(6)

1-16 **4** スペイン語の挨拶を聞いて、書きとろう。

(1)　　　　　　　　　　　　　　　(2)

(3)　　　　　　　　　　　　　　　(4)

(5)　　　　　　　　　　　　　　　(6)

1-17 ▶ 次の名前を発音してみよう。　　　　　　　　　　**Avanzamos**

Andrés	Eduardo	Miguel	José	David
Germán	Juan	Jorge	Ramón	Joaquín
Javier	Enrique	Manuel		

| Isabel | Luz | Soledad | Cecilia | Gema |
| Juana | Yolanda | Carmen | Zahira | Raquel |

Señor(a)

| Gómez | Martínez | González | Rodríguez | López |
| Torres | García | Sánchez | Gutiérrez | Castillo |

Actividades comunicativas A

1 例にならってクラスメートに質問しよう。

Ej. ¿Cómo se dice "HON" en español?   —Se dice "libro".
¿Cómo se escribe?   —Se escribe ele, i, be, erre, o.

(1)
libro

(2)
(　　　　)

(3)
cuaderno

(4)
(　　　　)

(5)
lápiz

(6)
(　　　　)

(7)
tijeras

(8)
(　　　　)

(9)
estuche

2 クラスメートに質問しよう。

(1) ¿Cómo se dice "OHAYO GOZAIMASU" en español?

(2) ¿Cómo se escribe?

(3) ¿Cómo se dice "hasta luego" en japonés?

(4) ¿Cómo se escribe Diego?

(5) ¿Cómo se escribe tu[1] nombre?   1) tu 君の

3 クラスメートにあいさつをしよう。新しく５人のクラスメートと知り合おう。

(1) A: Hola. Buenos días. ¿Qué tal? Me llamo Emilio.
B: Hola. Me llamo Eva.
A: Encantado.
B: Encantada.

(2) A: Adiós.
B: Hasta luego.

Actividades comunicativas B

❶ 例にならってクラスメートに質問しよう。

Ej. A: ¿Cómo se dice "HON" en español?　　B: Se dice "libro".
　　 A: ¿Cómo se escribe?　　　　　　　　　 B: Se escribe ele, i, be, erre, o.

(1)
libro

(2)
mesa

(3)
(　　　　)

(4)
puerta

(5)
(　　　　)

(6)
pizarra

(7)
(　　　　)

(8)
goma

(9)
(　　　　)

❷ クラスメートに質問しよう。

(1) ¿Cómo se dice "KONNICHIWA" en español?

(2) ¿Cómo se escribe?

(3) ¿Cómo se dice "muchas gracias" en japonés?

(4) ¿Cómo se escribe Ana?

(5) ¿Cómo se escribe tu[1] nombre?　　　　1）tu 君の

❸ クラスメートにあいさつをしよう。新しく5人のクラスメートと知り合おう。

(1) A: Hola. Buenas tardes. ¿Qué tal? Me llamo Santiago.
　　 B: Hola, bien. Me llamo Teresa.
　　 A: Mucho gusto.
　　 B: Mucho gusto. (Encantado/a.)

(2) A: Buenas noches. Hasta mañana.
　　 B: Adiós. Hasta mañana.

名詞Ⅰ（人、モノ）　**Sustantivos Ⅰ**　1-18

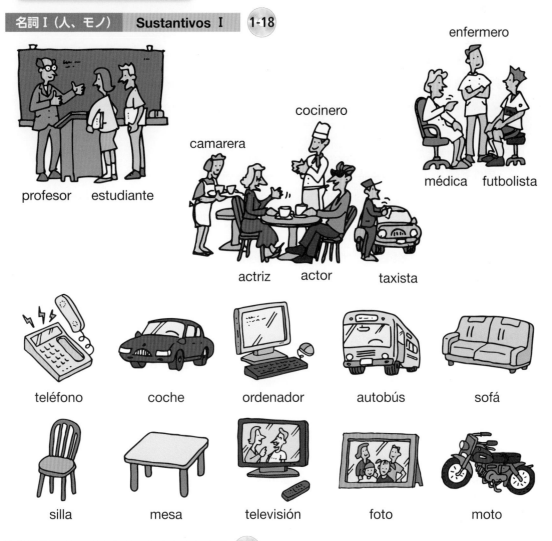

enfermero

cocinero

camarera

profesor　estudiante

médica　futbolista

actriz　actor　taxista

teléfono　　　　coche　　　　ordenador　　　autobús　　　　sofá

silla　　　　mesa　　　　televisión　　　foto　　　　moto

曜日　**Los días de la semana**　1-19

月 lunes　火 martes　水 miércoles　木 jueves　金 viernes　土 sábado　日 domingo

親族名称・職業　**Términos de parentesco y profesiones**

padre	父	compañero/a	クラスメート、同僚
madre	母	empleado/a	従業員、社員
hijo/a	息子 / 娘	abogado/a	弁護士
abuelo/a	祖父 / 祖母	ingeniero/a	エンジニア
hermano/a	きょうだい (男) / (女)	jugador(a)	選手
mayor/menor	年上の / 年下の	dependiente/a	店員
tío/a	おじ / おば	periodista	ジャーナリスト、記者
sobrino/a	甥 / 姪	paciente	患者
amigo/a	友達	amo/a de casa	主夫・主婦

⚠以降、語尾の -o や -e を -a に変えるものをスラッシュ (/)、語尾に -a を足すものをカッコ ( ) で表記する。

 **GRAMÁTICA**

1-20 **1. 名詞** Sustantivos

① **自然の性を持つ名詞**

文法上の性と一致する。-ante, -ista で終わる語は男女同形。

男性名詞	amigo	gato	hombre	profesor	estudiante	pianista
女性名詞	amiga	gata	mujer	profesora	estudiante	pianista

② **自然の性を持たない名詞**

男性名詞： -o で終わる語が多い。

libro　　　　teléfono　　　　vino　　　　coche　　　　hospital

女性名詞： -a で終わる語が多い。また -dad, -tad, -ción, -sión で終わる語は女性名詞。

casa　　　　mesa　　　　sopa　　　　ciudad　　　　televisión

例　　外： 男性名詞　 día　　　　sofá　　　　problema　　idioma

女性名詞　 foto　　　　mano　　　moto　　　　radio

⚽ **Práctica ❶**　　次の名詞が男性名詞か女性名詞かを答えよう。

(1) zumo　　　　(2) silla　　　　(3) avión　　　　(4) noche　　　　(5) bar

1-21 **2. 名詞の数** Número de los sustantivos

① 母音で終わる語には -s をつける。

chico → chicos　　　　padre → padres　　　　mesa → mesas

② 子音で終わる語には -es をつける。

árbol → árboles　　　　rey → reyes　　　　universidad → universidades

⚠ (1) -z で終わる語は z を c に変えて -es をつける。

lápiz → lápices　　　　vez → veces

(2) 月曜から金曜までの曜日は単複同形。

lunes → lunes　　　　miércoles → miércoles

(3) アクセント符号に注意が必要な名詞

estación → estaciones　　　　autobús → autobuses

examen → exámenes　　　　joven → jóvenes

(4) veintiún libros　　　　veintiuna casas

⚽ **Práctica ❷**　　次の名詞を複数形にしよう。

(1) niño　　　　(2) ordenador　　　　(3) luz　　　　(4) japonés　　　　(5) joven

3. 冠詞 Artículos

名詞の性と数に一致する。

1) 不定冠詞

	単数	複数
男性	**un** chico	**unos** chicos
女性	**una** chica	**unas** chicas

① 初めて出てくる名詞には不定冠詞をつける。

un libro   una amiga

② 単数形では「1つの」、複数形では「いくつかの」という意味になる。

un gato   unas sillas

⚽ **Práctica ❸**   次の名詞の性を辞書で調べ、不定冠詞をつけよう。

(1) (   ) flor   (2) (   ) perros   (3) (   ) fotos   (4) (   ) año

2) 定冠詞

	単数	複数
男性	**el** chico	**los** chicos
女性	**la** chica	**las** chicas

すでに出てきた名詞をもう一度話題に出す場合には定冠詞をつける。

la estación   los profesores

⚽ **Práctica ❹**   次の名詞の性を辞書で調べ、定冠詞をつけよう。

(1) (   ) país   (2) (   ) manos   (3) (   ) facultad   (4) (   ) días

⚽ **Práctica ❺**   スペイン語にしよう。

(1) 1人の学生 （女）   _____

(2) その問題（problema）   _____

(3) 数匹の魚   _____

(4) 6日間   _____

(5) 15歳   _____

Ejercicios

1 表を完成させよう。

男性	女性
hijo	
	madre
	abuela
hermano	
	tía

男性	女性
	profesora
estudiante	
camarero	
	médica
	futbolista

2 次の名詞の単数形を複数形に、複数形を単数形にしよう。

(1) diccionario　(2) ciudad　　　(3) alemán　　　(4) cervezas　　(5) trenes

(6) pez　　　　(7) canción　　(8) martes　　(9) examen　　(10) japonesas

3 不定冠詞をつけよう。

(1) (　　　) naranjas　(2) (　　　) moto　(3) (　　　) actores　(4) (　　　) helado

(5) (　　　) gafas　(6) (　　　) veces　(7) (　　　) italianos　(8) (　　　) idioma

4 定冠詞をつけよう。

(1) (　　　) padres　(2) (　　　) gente　(3) (　　　) clima　(4) (　　　) toros

(5) (　　　) botellas　(6) (　　　) radio　(7) (　　　) nombres　(8) (　　　) mano

5 次の単数形の名詞に指定された冠詞をつけ、どちらも複数形にして書こう。また、単数形、複数形それぞれの意味を答えよう。

Ej：(定冠詞 el　　　　　) perro → los perros

(1) (不定冠詞　　　　　) español →
(2) (定冠詞　　　　　) habitación →
(3) (定冠詞　　　　　) viernes →
(4) (不定冠詞　　　　　) actriz →

Conversación

1-23 **1** (En una cafetería)

A: Buenas tardes. ¿Qué desea?[1]

B: Un café con leche, por favor.

A: Ahora mismo.

1-24 **2** (En un bar)

A: Oiga.[2]

B: Sí, señor.

A: Una botella de agua mineral, por favor.

B: ¿Con gas o sin gas?

A: Sin gas, por favor.

B: Muy bien.

1-25 **3**

A: La cuenta, por favor.

B: En total, tres euros.

1-26 **4** (En una taquilla de estación)

A: Dos billetes para Barcelona, por favor.

B: Ida y vuelta, ¿verdad?

A: No, solo[3] ida.

B: De acuerdo.

1) ¿Qué desea?「ご注文は？」   2) Oiga.「すみません」   3) solo ～だけ

Aplicamos 単語を入れかえて練習しよう

1, 2. té, té verde, zumo de naranja, vino, cerveza, con azúcar, sin azúcar

bocadillo de queso
chocolate   jamón   empanada

Comprensión auditiva

1-27 **1** 数字を聞いて、スペイン語で書こう。

(a)　　　　　　　　(b)　　　　　　　　(c)　　　　　　　　(d)

(e)　　　　　　　　(f)　　　　　　　　(g)　　　　　　　　(h)

1-28 **2** 音声を聞いて、単語を書きとろう。

(1)　　　　　　　　　　　　　(2)

(3)　　　　　　　　　　　　　(4)

(5)　　　　　　　　　　　　　(6)

1-29 **3** 音声を聞いて、文を書きとろう。

(1)　　　　　　　　　　　　　(2)

(3)　　　　　　　　　　　　　(4)

(5)　　　　　　　　　　　　　(6)

1-30 **4** スペイン語の会話を聞き、下記の質問にスペイン語で答えてみよう。

(1) 男性が注文したものをすべて書こう。

(2) 女性が注文したものをすべて書こう。

(3) 合計がいくらか書こう。

▶ 自分の架空のデータを書いて、スペイン語で一字ずつ発音しよう。

Avanzamos

yo
Nombre y apellido: _____
Número de móvil: _____
e-mail: _____

@	arroba	アットマーク
,	coma	コンマ
.	punto	ピリオド
-	guión	ハイフン
_	guión bajo	アンダーバー
	cuenta	アカウント
	contraseña	パスワード

Actividades comunicativas A

① クラスメートに質問しよう。

¿Qué es esto¹⁾?　　　—Es una iglesia.

1) esto これ

(1)

museo

(2)

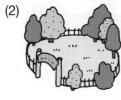

(　　　　　)

(3)

estación

(4)

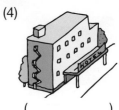

(　　　　　)

(5)

(　　　　　)

(6)

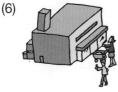

supermercado

(7)

(　　　　　)

(8)

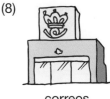

correos

(9)

bar

(10)

(　　　　　)

(11)

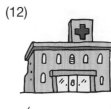

plaza

(12)

(　　　　　)

② 空白の箇所のフライトと搭乗口のナンバーをクラスメートに尋ねよう。

Destino	N° del vuelo	Puerta de embarque	Destino	N° del vuelo	Puerta de embarque
FRA　Frankfurt	LH 1121	Puerta A13	CDG París		
LHR　Londres	BA 465	Puerta B11	FCO Roma		
LAX　Los Ángeles	DY 7743	Puerta C21	JFK　Nueva York		
MEX Ciudad de México	AM 22	Puerta D29	HAV La Habana		

Ej. El vuelo para Seúl, por favor.

　　—El número del vuelo es el KE914, y la puerta de embarque es la E30.

③ クラスメートのプロフィールを聞いて、書き込もう。

2) mi 私の

Ej. ¿Cómo te llamas?

　　¿Cómo se escribe tu nombre?

　　¿Y tu número de teléfono, por favor?

　　¿Y tu cuenta de Facebook, por favor?

mi²⁾ compañero/a

Nombre y apellido: _____

Número de móvil: _____

Cuenta de Facebook: _____

Actividades comunicativas **B**

❶ クラスメートに質問しよう。

¿Qué es esto¹⁾?　　　—Es una iglesia.

1) esto これ

(1)

(　　　)

(2)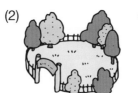

parque

(3)

(　　　)

(4)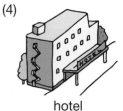

hotel

(5)

parada de taxis

(6)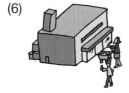

(　　　)

(7)

banco

(8)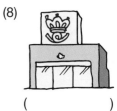

(　　　)

(9)

(　　　)

(10)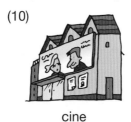

cine

(11)

(　　　)

(12)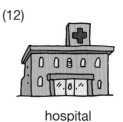

hospital

❷ 空白の箇所のフライトと搭乗口のナンバーをクラスメートに尋ねよう。

Destino	N° del vuelo	Puerta de embarque	Destino	N° del vuelo	Puerta de embarque
FRA Frankfurt			CDG París	AF 1301	Puerta A12
LHR Londres			FCO Roma	AZ 59	Puerta A15
LAX Los Ángeles			JFK Nueva York	AA 741	Puerta C25
MEX Ciudad de México			HAV La Habana	IB 6621	Puerta D25

Ej. El vuelo para <u>Seúl</u>, por favor.

　　—El número del vuelo es el <u>KE914</u>, y la puerta de embarque es la <u>E30</u>.

❸ クラスメートのプロフィールを聞いて、書き込もう。

2) mi 私の

Ej. ¿Cómo te llamas?

　　¿Cómo se escribe tu nombre?

　　¿Y tu número de teléfono, por favor?

　　¿Y tu cuenta de Facebook, por favor?

> **mi²⁾ compañero/a**
>
> Nombre y apellido: ＿＿＿＿＿＿＿＿＿
>
> Número de móvil: ＿＿＿＿＿＿＿＿＿
>
> Cuenta de Facebook: ＿＿＿＿＿＿＿

形容詞 I　Adjetivos I　1-31

 alto

 gordo

 mayor

 rico

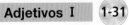 largo

 bajo

 delgado

 joven

 pobre

 corto

 grande

 nuevo

 fácil

 caro

 guapo

 pequeño

 viejo

 difícil

 barato

 moderno

 negro
 blanco
 rojo
 azul
 amarillo
 verde
 marrón
 morado

▶ 空欄を埋めてみよう

Avanzamos

国名	国籍（名詞・形容詞）			
China			chinos	
Alemania	alemán			
España				españolas
Francia		francesa		
Inglaterra	inglés			
Japón				

⚠ 名詞の男性単数形は、言語名も表す。

17

GRAMÁTICA

1-32 **1. 形容詞** Adjetivos

名詞の性と数に一致する。一般に名詞の後ろに置かれる。

① -o で終わる形容詞

	単数	複数
男性形	alto	altos
女性形	alta	altas

un muchacho guapo   una camisa nueva
unos perros negros   unas casas blancas

② それ以外の形容詞

	単数		複数	
男性形	inteligente	fácil	inteligentes	fáciles
女性形	inteligente	fácil	inteligentes	fáciles

⚠ 国籍・地名を表す形容詞は、子音で終わる語に -a を足して女性形をつくる。

japonés → japonesa   español → española   francés → francesa
una profesora amable   unos coches grandes
un amigo mayor   unas señoras francesas

⚠ (1) 名詞の前に置くことができる形容詞もある。 muchos libros
   (2) 単数名詞の前で形が変わる形容詞もある。   buen chico   mal libro   gran hombre
                            (bueno)   (malo)   gran obra
                                            (grande)

⚽**Práctica ❶** ( ) 内の形容詞を適切な形にしよう。

(1) una falda (rojo   )   (2) unos pantalones (azul   )
(3) unas flores (amarillo   )   (4) un problema (difícil   )
(5) los futbolistas (estadounidense)   (6) la comida (mexicano   )

1-33 **2. 主格人称代名詞** Pronombres personales de sujeto

	単数		複数	
1人称	yo	私は	nosotros / nosotras	私たちは
2人称	tú	君は	vosotros / vosotras	君たちは
3人称	él / ella	彼 / 彼女は	ellos / ellas	彼らは / 彼女らは
	usted	あなたは	ustedes	あなたがたは

⚠ 中南米では vosotros / vosotras は使用せず、ustedes を用いる。

⚽**Práctica ❷** スペイン語にしよう。

(1) 君   (2) 彼   (3) 彼女ら   (4) あなた   (5) 君たち

3. 動詞 ser El verbo *ser*

1-34

	単数		複数
yo	soy	nosotros / nosotras	somos
tú	eres	vosotros / vosotras	sois
él / ella / usted	es	ellos / ellas / ustedes	son

Lección

3

① ser ＋名詞

Ellos son estudiantes. 身分　　　　　　　Ernesto es taxista. 職業

Pedro es español. 国籍（職業や国籍を表す場合、冠詞は不要）

② ser ＋形容詞

Sara es baja. 形状　　　　　　　Ellos son muy simpáticos. 性質

③ ser ＋ de ＋名詞

Soy de Tokio, Japón. 出身　　　　Los estudiantes son de la Facultad de Letras. 所属

La mesa es de madera. 材料　　　El cuaderno es de Lola. 所有

⚽Práctica ❸ （　　）内に ser を活用させよう。

(1) Diana y Augusto (　　　　) peruanos.　(2) El vino (　　　　) de Chile.

(3) Vosotros (　　　　) trabajadores.　(4) La camisa de Pilar (　　　　) de seda.

4. 否定文、疑問文 Oraciones negativas e interrogativas

1-35

1)　否定文

活用する動詞の前に no を置く。

El coche no es nuevo.　　　　　Ellas no son colombianas.

2)　疑問文

語順は ¿「動詞＋主語」? または ¿「主語＋動詞」?

¿Es usted argentino? —Sí, soy argentino.

Elena, ¿eres de Madrid? —No, no soy de Madrid. Soy de Barcelona.

5. 疑問詞① Interrogativos (1)

1-36

疑問詞のある疑問文の語順は ¿「疑問詞＋動詞＋主語」?

qué　　　　　¿Qué eres? —Soy estudiante.

dónde　　　　¿De dónde es usted? —Soy de México.

cómo　　　　¿Cómo es el profesor?—Es alto y muy simpático.

Ejercicios

1 （　　）内の形容詞を適切な形にしよう。

(1)　una música (alegre　　　　　　　)　　(2)　tres gatos (pequeño　　　　　　　　)

(3)　unos exámenes (fácil　　　　　　)　　(4)　unas chicas (joven　　　　　　　　)

(5)　una familia (rico　　　　　　　　)　　(6)　el hombre (pobre　　　　　　　　　)

(7)　la película (interesante　　　　　)　　(8)　los niños (feliz　　　　　　　　　)

2 次の語句を主格人称代名詞に書きかえよう。

(1)　Emilio　　(2) Carmen y Antonio　　(3) la señora Martínez　　(4) Andrés y yo

(5) Isabel y Laura　　(6) el profesor y usted

3 （　　）内に ser を活用させよう。

(1)　Inés y yo (　　　　　) enfermeras.

(2)　Ellas (　　　　　) inglesas.

(3)　Gracias, Manuela. (　　　　　) muy amable.

(4)　Luis y Manuel (　　　　　) de Bolivia.

(5)　Tú y yo (　　　　　) compañeros de clase.

4 （　　）内に ser を活用させ、[　　]内の名詞・形容詞を適切な形にしよう。

(1)　Toledo (　　　　) una ciudad [antiguo　　　　　　　　].

(2)　Los muebles [viejo　　　　　　] (　　　　) [popular　　　　　　　] en Japón.

(3)　La madre de Pepe (　　　　) muy [delgado　　　　　　　].

(4)　¿Vosotros (　　　　) [alemán　　　　　　　]? —No. (　　　　) [holandés　　　　　　].

5 質問に答えよう。

(1)　¿Es usted camarero/a? —No, ＿＿＿＿＿＿＿＿＿＿＿ camarero/a.

(2)　¿Eres de Japón? —Sí, ＿＿＿＿＿＿＿＿＿＿ Japón.

(3)　¿Eres de la Facultad de Derecho? –No. ＿＿＿＿＿＿＿＿＿ la Facultad de Ingeniería.

(4)　¿De dónde eres? — ＿＿＿＿＿＿＿＿＿＿＿＿＿＿＿＿＿＿＿＿.

(5)　¿Qué eres? — ＿＿＿＿＿＿＿＿＿＿＿＿＿＿＿＿＿.

(6)　¿Cómo eres? — ＿＿＿＿＿＿＿＿＿＿＿＿＿＿＿＿＿.

Conversación

1-37 **1**

A: Hola. ¿Qué tal? Soy Alberto.

B: Ella es Cristina y yo soy Nuria. Encantadas.

A: Mucho gusto.

1-38 **2**

A: ¿De dónde eres?

B: Soy de Salamanca.

A: Y ella es de Segovia, ¿no?

B: No. Es de Ávila.

Lección
3

1-39 **3**

A: ¿Cómo son tus[1] padres?

B: Mi madre es guapa y simpática, y mi padre es alto, tranquilo y muy cariñoso.

1-40 **4** (En un mercadillo)

A: Oiga, ¿cuánto es?

B: 10 euros.

A: ¡Muy caro! Más barato, por favor.

B: Entonces 8.

A: Vale[2]. Gracias.

1) tu(s) 君の
2) Vale.「わかりました」

 Aplicamos 単語を入れかえて練習しよう

1, 2. 自分の名前や出身地に変えよう

3.　下の表を参考に形容詞を入れかえよう

4.　値段を変えよう

形容詞（人の性質など）

inteligente	賢い、物知りな	feliz	幸せな
amable	親切な	simpático	感じの良い
alegre	陽気な	serio	まじめな、深刻な
tranquilo	落ち着いた	nervioso	神経質な

21

Comprensión auditiva

1-41 **1** 音声を聞き、書きとろう。

(1)   (2)

(3)   (4)

(5)   (6)

1-42 **2** 質問を書きとって、スペイン語で答えよう。

(1)   (2)

(3)   (4)

1-43 **3** 音声を聞いて、下記の表を埋めよう。年齢はスペイン語で書こう。

名前	家族の関係	年齢	職業
Miguel	yo	① ( )	② estudiante de ( )
Ernesto	③ ( )		taxista
④ ( )	abuela		ama de casa
Diego	⑤ ( )		enfermero
María Isabel	madre		⑥ ( )
Lola	hermana menor	⑦ ( )	⑧ ( )
Daniel	⑨ ( )	⑩ ( )	periodista

Facultad de ... 学部 / Departamento de ... 学科
Comercio 商学、Derecho 法学、Economía 経済学、Ingeniería 工学、Letras 文学、Ciencias 理学、
Medicina 医学

Actividades comunicativas A

❶ クラスメートに (1)〜(3) の質問しよう。また、クラスメートに枠内の人物①〜③について
質問されたら、p.17の表を参考に、2種類の文で答えよう。

Ej. ¿De dónde es Fernando? —Es de México / Es mexicano.

(1) ¿De dónde es Pablo?

(2) ¿De dónde es Agatha?

(3) ¿De dónde es Carl?

> ① Jean　　(Francia)
> ② Sakura　(Japón)
> ③ Chang　(China)

Lección
3

❷ 例にならって、クラスメートの質問に否定で答え、枠内の語①〜④を使って会話をしよう。
また、クラスメートに (1)〜(4) について質問しよう。

Ej. ¿Eres Paula? —No, no soy Paula. Soy Luz.

(1) ¿Es usted profesor(a)?

(2) ¿Eres guitarrista?

(3) ¿Es usted amigo/a de Carlos?

(4) ¿Sois peruanos/as?

> ① artista
> ② camarero/a
> ③ hermano/a de Inés
> ④ brasileños/as

❸ p.17の形容詞を2つ以上用いて、クラスメートの質問に答えよう。また、(1)〜(3) につい
て質問をしよう。

Ej. ¿Cómo es la chica?
— Es baja y delgada.

(1) ¿Cómo es la casa?

(2) ¿Cómo es el profesor?

(3) ¿Cómo es la falda?

Actividades comunicativas B

❶ クラスメートに (1)～(3) の質問しよう。また、クラスメートに枠内の人物①～③について
質問されたら、p.17の表を参考に、2種類の文で答えよう。

Ej. ¿De dónde es Miguel? —Es de México / Es mexicano.

(1) ¿De dónde es Jean?

(2) ¿De dónde es Sakura?

(3) ¿De dónde es Chang?

> ① Pablo (España)
> ② Agatha (Inglaterra)
> ③ Carl (Alemania)

❷ 例にならって、クラスメートの質問に否定で答え、枠内の語①～④を使って会話をしよう。
また、クラスメートに (1)～(4) について質問しよう。

Ej. ¿Eres Paula? —No, no soy Paula. Soy Luz.

(1) ¿Eres pianista?

(2) ¿Es usted cocinero/a?

(3) ¿Eres amigo/a de Inés?

(4) ¿Sois argentinos/as?

> ① abogado/a
> ② pianista
> ③ hermano/a de Carlos
> ④ chilenos/as

❸ p.17の形容詞を2つ以上用いて、クラスメートの質問に答えよう。また、(1)～(3) につい
て質問をしよう。

Ej. ¿Cómo es la chica?
—Es baja y delgada.

(1) ¿Cómo es el coche?

(2) ¿Cómo es el estudiante?

(3) ¿Cómo son los pantalones?

程度表現 1	
demasiado	Los coches de lujo son demasiado caros.
bastante	El vestido es bastante moderno.
muy	La ciudad es muy antigua.
un poco	Natalia es un poco nerviosa.
poco	David es poco tranquilo.

規則動詞 Verbos regulares 1-44

escuchar música

estudiar

hablar

trabajar en una cafetería

visitar a la abuela

viajar

pasear

llamar

beber

comer

leer

vender

abrir la ventana

escribir

asistir a clase

recibir

数字Ⅱ Números Ⅱ 1-45

31 treinta y uno	32 treinta y dos	33 treinta y tres	40 cuarenta	50 cincuenta
60 sesenta	70 setenta	80 ochenta	90 noventa	100 cien/ciento

⚠ treinta y un euros   cuarenta y una libras

頻度表現 Expresiones de frecuencia

siempre	いつも	una vez al día	1日に一度
normalmente	通常は、たいてい	a la semana	1週間に（一度）
a veces	時々	al mes	ひと月に（一度）
casi nunca	めったに～ない	al año	一年に（一度）
no ~ nunca	決して（一度も）ない	dos veces...	（1日に）二度
todo el día	一日中	muchas veces...	（1日に）何度も
todos los días	毎日	el lunes	（その）月曜に
por la mañana	朝（午前中）（に）	los lunes	毎週月曜に
la tarde	昼（午後、夕方）（に）	el fin de semana	（その）週末に
		los fines de semana	毎週末

GRAMÁTICA

1-46 **1. 直説法現在　規則活用動詞** Presente de indicativo de los verbos regulares

1)　活用

hablar			
yo	habl**o**	nosotros / nosotras	habl**amos**
tú	habl**as**	vosotros / vosotras	habl**áis**
él / ella / usted	habl**a**	ellos / ellas / ustedes	habl**an**

⚽ **Práctica ❶**　動詞を活用させよう。

(1) tomar (tú)　　　(2) llegar (vosotros)　(3) trabajar (nosotros)　(4) escuchar (usted)

(5) visitar (ellos)　　(6) viajar (María)　　(7) comprar (yo)　　　(8) estudiar (los alumnos)

comer			
yo	com**o**	nosotros / nosotras	com**emos**
tú	com**es**	vosotros / vosotras	com**éis**
él / ella / usted	com**e**	ellos / ellas / ustedes	com**en**

⚽ **Práctica ❷**　動詞を活用させよう。

(1) leer (nosotros)　　　(2) beber (tú)　　(3) aprender (vosotros)　　(4) creer (yo)

(5) vender (el dependiente)　　　　　(6) comprender (las estudiantes)

vivir			
yo	viv**o**	nosotros / nosotras	viv**imos**
tú	viv**es**	vosotros / vosotras	viv**ís**
él / ella / usted	viv**e**	ellos / ellas / ustedes	viv**en**

⚽ **Práctica ❸**　動詞を活用させよう。

(1) escribir (yo)　　(2) subir (usted)　　(3) abrir (vosotros)　　(4) recibir (tú)

(5) partir (nosotros)

1-47 2)　用法

① 現在の行為や状態を表す。

Escucho una canción japonesa.　　　¿Dónde vives? —Vivo en Estados Unidos.

② 現在の習慣を表す。

Tomo un café todas las mañanas.　　Miguel siempre llega tarde a clase.

③ 確実な未来の行為を表す。

Mañana visito la Sagrada Familia.　　Las clases terminan la próxima semana.

⚠ 目的語が人の場合、前置詞 a をつける。

El médico visita **a** la paciente.（直接目的語「〜を」）

Los estudiantes preguntan mucho **al** profesor.（間接目的語「〜に」）(a + el → al)

26

⚽ Práctica ❹　動詞を活用させよう。

(1)　(Limpiar: yo 　　　　　　　) la habitación dos veces a la semana.

(2)　Cecilia (leer 　　　　　　　) el periódico todos los días.

(3)　¿Dónde (trabajar: tú 　　　　　　　)? — (Trabajar: yo 　　　　　　　) en una cafetería.

(4)　Víctor (escribir: 　　　　　　) un e-mail a Marta.

(5)　(Viajar: nosotros 　　　　　　) por Perú el mes próximo.

---

2. 疑問詞② Interrogativos (2)　1-48

<table>
<tr><td>cuándo</td><td>¿Cuándo llega Vicente a Japón? —Llega mañana por la tarde.</td></tr>
<tr><td>quién(es)</td><td>¿Quién bebe mucho? —Álvaro bebe mucho.</td></tr>
<tr><td></td><td>¿A quién visitas mañana? —Visito a la señora Morena.</td></tr>
<tr><td>cuál(es)</td><td>¿Cuál es la maleta de Clara? —Es la roja.</td></tr>
</table>

⚠ 電話番号などを尋ねる場合にも cuál を用いる。

　　¿Cuál es el número de teléfono del señor González? —Es el 2196-3548. (de + el → del)

cuánto(a/os/as)　¿Cuánto es el libro? —Son 14 euros.

　　　　　　　　　¿Cuántas horas estudias al día? —Estudio unas tres horas.

> Lección
> **4**

⚽ Práctica ❺　[　　] 内に疑問詞を書き入れ、(　　) 内に動詞を活用させよう。

(1)　¿[どこで 　　　　　] coméis normalmente? — (　　　　　　) en el comedor.

(2)　¿[何を 　　　　　] buscas? — (　　　　) un diccionario.

(3)　¿[どんな 　　　　] es la universidad? — (　　　　　) muy moderna.

(4)　¿[いくつ 　　　　] alumnos aprenden chino? — (　　　　　) 31 alumnos.

(5)　¿[誰が 　　　　　] baila bien? — Beatriz (　　　　　) bien. Elena también.

---

3. 接続詞 (y, o, pero, porque) Conjunciones　1-49

Ignacio **y** Celia trabajan juntos.

⚠ i-, hi- の前　　Celia **e** Ignacio trabajan juntos.

¿El chico es Octavio **o** Carlos?

⚠ o-, ho- の前　　¿El chico es Carlos **u** Horacio?

Estudio Enfermería, **pero** leo "El Quijote de La Mancha".

Visito Machu Picchu una vez a la semana, **porque** trabajo como guía.

Ejercicios

1 動詞を活用させよう。

(1) (Vender: yo   ) frutas en el mercado.

(2) La temperatura (subir   ) mucho en julio.

(3) El niño (escribir   ) la carta a los Reyes Magos.

(4) ¿Qué idiomas (hablar: tú   )? —(Hablar: yo   ) inglés y español.

(5) ¿Cuándo (abrir   ) la tienda? —De lunes a viernes.

(6) (Creer: yo   ) en Patricia. Es una persona sincera.

2 (　) に選択肢から適切な動詞を選び、活用させよう。

> correr, cenar, ayudar, asistir, comprender, tocar

(1) Usted no (   ) el significado de la palabra.

(2) Alba (   ) a clase todos los días.

(3) Los fines de semana nosotros (   ) un poco tarde.

(4) Carla, (   ) el piano muy bien. —Gracias. Aprendo piano desde pequeña.

(5) Ella (   ) 5 kilómetros al día, pero yo no.

(6) Los niños (   ) al profesor después de la clase.

3 動詞を活用させ、[ ]に必要なら適切な語を、不要なら×を入れよう（一語とは限らない）。

(1) (Esperar: nosotros   ) [   ] el autobús en la estación.

(2) Los enfermeros (cuidar   ) [   ] los pacientes.

(3) ¿(Buscar: tú   ) [   ] profesor Fernández?

    -No. (Buscar   ) [   ] profesora García.

(4) (Llevar: yo   ) [   ] el pastel [   ] Inés.

4 問題文が答えとなるように、下線部を問う疑問文を書こう。

(1) Partimos para España <u>mañana</u>.

(2) Compro <u>leche</u> en el supermercado.

(3) <u>Lucía y Patricia</u> enseñan español a los estudiantes.

(4) Clara trabaja <u>8 horas</u> al día.

(5) Paco es <u>simpático e inteligente</u>.

Conversación

(1-50) 1

A: ¿Hablas francés?

B: Sí, hablo francés un poco, ¿y tú?

A: Yo hablo español e inglés, pero no hablo francés.

Hello. Hola.

Bonjour.

你好。

(1-51) 2

A: ¿Qué estudias?

B: Estudio Literatura Italiana, ¿y vosotros?

A: Él estudia Economía y yo estudio Comercio.

Lección 4

(1-52) 3

A: ¿Con qué frecuencia asistes a clases?

B: Asisto tres veces a la semana, los lunes, los miércoles y los jueves.

A: ¡Qué bien! Yo cinco veces a la semana, de lunes a viernes.

(1-53) 4 (En el control de pasaportes)

A: Su[1] pasaporte, por favor. ¿Viaja por turismo o por negocios?

B: Viajo por turismo. Visito el Museo del Prado y Toledo.

A: ¡Buen viaje!

(1-54) 5

A: ¿A quién escribes?

B: Escribo a mi madre. ¿Desde dónde envío la postal?

A: Desde la oficina de correos, pero no abren los domingos.

1) su あなたの

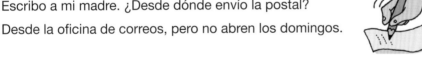

Aplicamos 単語を入れかえて練習しよう

1. p.17 の表を参考に言語名を入れかえよう

2. p.22 の表を参考に科目名を入れかえよう

3. p.25 の表を参考に頻度を入れかえよう

4. 場所や地名を入れかえよう

Comprensión auditiva

1-55 **1** 下記の文を読もう。その後質問を書きとり、スペイン語でその質問に動詞を使って答えよう。

Hola, me llamo Augusto. Emilio y yo somos amigos, y vivimos cerca. Él es estudiante de Derecho y asiste a clases de lunes a jueves. Estudia inglés los lunes y los jueves, y los miércoles aprende alemán. Trabaja en un bar los fines de semana. Yo estudio Literatura Japonesa y asisto a clases todos los días. Estudio japonés los lunes y los miércoles, también inglés los martes y los jueves. Los viernes aprendo francés.

1-56 (1)

(2)

(3)

(4)

(5)

(6)

1. 上の文章にならい、次の内容を含めてスペイン語で自己紹介をしよう。 **Avanzamos**
   勉強していること、いつ勉強しているか、アルバイトをしているか。

2. 頻度表現を使い答えてみよう。

   (1) ¿Cuándo limpias la casa?
   (2) ¿Navegas por Internet cada día?
   (3) ¿Lees cómics en el cuarto de baño?
   (4) ¿Cuándo estudias la gramática española?
   (5) ¿Visitas a los abuelos a veces?
   (6) ¿Comes fuera casi siempre?

程度表現 2

Estudio bastante.	Él canta muy bien.
Estudio mucho.	Él canta bien.
Estudio un poco.	Él canta normal.
Estudio poco.	Él canta mal.
No estudio nada.	Él canta muy mal.

Actividades comunicativas

❶ p.25 の頻度表現を用いて、誰が何をしているのかスペイン語で書こう。

Ej. Carmen 月曜から金曜　　Carmen asiste a clases de lunes a viernes.

(1) Santiago 週3回

(2) La tía 土曜日

(3) Luis 月1回

(4) La abuela 毎日

(5) Betty y Carl 火曜と金曜

Lección **4**

❷ クラスメートに、下記の (1)〜(5) の人物が何をしているのか尋ねよう。また、質問されたら、上の❶の内容で答えよう。

Ej. ¿Qué hace[1] Carmen?　—Carmen asiste a clases.

1) hacer（3 人称単数 hace, 3 人称複数 hacen）「する」

(1) Pedro　　(2) El abuelo　　(3) Inés　　(4) La madre　　(5) Sandra y Marcos

❸ 上の❷を元に、その頻度を尋ねよう。

Ej. ¿Con qué frecuencia asiste a clases Carmen?
　　　　—Carmen asiste a clases de lunes a viernes.

❹ アンケートに、頻度表現を使って答え、クラスメートにも尋ねよう。

preguntas	yo	mi compañero/a
(1) asistir a clases		
(2) tocar el piano		
(3) desayunar		
(4) beber leche		
(5) trabajar por horas		
(6) escuchar música clásica		
(7) ※		

※自由に質問を考えよう。

Actividades comunicativas B

❶ p.25の頻度表現を用いて、誰が何をしているのかスペイン語で書こう。

Ej. Carmen　月曜から金曜　　Carmen asiste a clases de lunes a viernes.

(1) Pedro　週2回

(2) El abuelo　めったに〜しない

(3) Inés (paella)　日曜日

(4) La madre　毎朝

(5) Sandra y Marcos　週末

❷ クラスメートに、下記の(1)〜(5)の人物が何をしているのか尋ねよう。また、質問されたら、上の❶の内容で答えよう。

Ej. ¿Qué hace[1] Carmen?　—Carmen asiste a clases.

1) hacer（3人称単数 hace, 3人称複数 hacen）「する」

(1) Santiago　　(2) La tía　　(3) Luis　　(4) La abuela　　(5) Betty y Carl

❸ 上の❷を元に、その頻度を尋ねよう。

Ej. ¿Con qué frecuencia asiste a clases Carmen?

　　　　—Carmen asiste a clases de lunes a viernes.

❹ アンケートに、頻度表現を使って答え、クラスメートにも尋ねよう。

preguntas	yo	mi compañero/a
(1) asistir a clases		
(2) tocar el piano		
(3) desayunar		
(4) beber leche		
(5) trabajar por horas		
(6) escuchar música clásica		
(7) ※		

※自由に質問を考えよう。

名詞Ⅱ（衣類）　**Sustantivos Ⅱ**　1-57

gafas de sol

sombrero

camisa

blusa

camiseta

vestido

falda

pantalones

vaqueros

calcetines

chaqueta

abrigo

bufanda

guantes

corbata

zapatos

zapatillas

botas

sandalias

bolso

mochila

maleta

▶ 上のイラストに、指示詞や所有詞をつけて練習しよう。　**Avanzamos**

Ej. zapatos → estos zapatos, mis zapatos

月　**Meses**　1-58

1月	enero	2月	febrero	3月	marzo	4月	abril
5月	mayo	6月	junio	7月	julio	8月	agosto
9月	septiembre	10月	octubre	11月	noviembre	12月	diciembre

序数　**Números ordinales**　1-59

1番目の	primero/a	2番目の	segundo/a	3番目の	tercero/a	4番目の	cuarto/a
5番目の	quinto/a	6番目の	sexto/a	7番目の	séptimo/a	8番目の	octavo/a
9番目の	noveno/a	10番目の	décimo/a	**Ej.** segundo semestre, primera clase			

⚠ 男性単数名詞の前で primer, tercer　　**Ej.** tercer piso

1-60 **1. 指示詞** Demostrativos

	この、これ		その、それ		あの、あれ	
男性	este	estos	ese	esos	aquel	aquellos
女性	esta	estas	esa	esas	aquella	aquellas
中性	esto		eso		aquello	

① 形容詞として名詞の前に置かれ、名詞の性と数に一致する。

este libro　　　　　esas casas　　　　　aquellos estudiantes

② 代名詞として使われる。

Esta es Gema y aquel es Ignacio.

Esos zapatos son de Sergio y estos son de Leticia.

③ 中性形は、名前のわからないものや、抽象的な事柄を表す時に使われる。

¿Qué es esto? —Es una empanada argentina.

Eso es verdad.

⚽ **Práctica ❶** 名詞の性数に注意して、指示詞をつけよう。

(1) (あれらの　　　　　　　) bicicletas　　(2) (その　　　　　　　) calcetines

(3) (この　　　　　) miércoles　　(4) (それらの　　　　　　) motos

(5) (あの　　　　　) actor　　(6) (この　　　　　) gafas

1-61 **2. 所有詞** Posesivos

1) 前置形

1人称	mi	amigo amiga	mis	amigos amigas	**nuestro** **nuestra**	amigo amiga	**nuestros** **nuestras**	amigos amigas
2人称	tu	amigo amiga	tus	amigos amigas	**vuestro** **vuestra**	amigo amiga	**vuestros** **vuestras**	amigos amigas
3人称	su	amigo amiga	sus	amigos amigas	su	amigo amiga	sus	amigos amigas

名詞の前に置かれ、名詞の性と数に一致する。

tu chaqueta　　　　　mis padres　　　　　vuestra hija

¿Dónde trabaja tu hermana? —Mi hermana trabaja en un banco.

Nuestro abuelo vive en la calle Francia.

⚠️ 「de + (代) 名詞」で所有者を明らかにすることができる。

su madre → la madre de Luis

la madre de ellos

Práctica ❷　名詞の性と数に注意して、所有形容詞前置形をつけよう。

(1) (彼女の　　　　　　　　) bolso　　　　(2) (君の　　　　　　　　　) tíos

(3) (私たちの　　　　　　　　) profesora　　(4) (あなたの　　　　　　　) gafas

2)　後置形

1-62

1人称	mío	míos	nuestro	nuestros
	mía	mías	nuestra	nuestras
2人称	tuyo	tuyos	vuestro	vuestros
	tuya	tuyas	vuestra	vuestras
3人称	suyo	suyos	suyo	suyos
	suya	suyas	suya	suyas

動詞 ser の補語となって、名詞の性と数に一致する。

¿De quién es este cuaderno? —Es mío.

¿Son tuyas esas tijeras? —No. Son suyas.

Este sombrero no es mío. Aquel tampoco.

Lección
5

 Práctica ❸　名詞の性と数に注意して、所有形容詞後置形をつけよう。

(1)　Esa casa es (君たちの　　　　　　　).

(2)　¿Aquellos son sus hermanos? —No. Son (私の　　　　　　).

3. 曜日、日付、時間表現① Expresiones de los días de la semana, de la fecha y de las horas (1)　**1-63**

1)　曜日

¿Qué día es hoy? —Es martes.

⚠ 副詞として用いる場合は定冠詞 el (los) をつける。

　　Maribel parte a Kioto el domingo.　　　Los jueves cenamos fuera.

2)　日付

¿Qué fecha es hoy? —Es 14 de junio.

⚠ 副詞として用いる場合は定冠詞 el をつける。

　　Mi cumpleaños es el 27 de octubre.

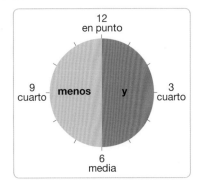

3)　時間

¿Qué hora es? —Es la una.　　　　Son las dos.

　　　　　　　Son las tres y cuarto.　　Son las cinco y media.

　　　　　　　Son las siete menos cinco.

Ejercicios

1 （　　）内に適切な指示詞を入れよう。

(1) （あの　　　　　） señora es la profesora Gómez.

(2) Guillermo llega a Japón (この　　　　　) semana.

(3) （それらの　　　　　） estudiantes son de la Facultad de Ingeniería.

(4) Germán contesta todas (これらの　　　　　) preguntas.

(5) Compro (その　　　　　) camisa azul. Es muy bonita.

(6) El hermano menor de Pepe es (あれ　　　　　).

(7) （これ　　　　） es el cuadro famoso de Picasso, "Guernica".

(8) ¿Qué es (それ　　　　　)? —Es un diccionario electrónico.

2 ［　　］内に所有形容詞前置形または後置形を入れ、（　　）内の動詞を適切な形にしよう。

(1) ［私の　　　　　] primos (ser　　　　　) aquellos.

(2) ［彼らの　　　　　] hija (estudiar　　　　　) mucho y (sacar　　　　) buenas notas.

(3) (Pasear: nosotros　　　　　) por el parque con [私たちの　　　　　] perro.

(4) ¿[君の　　　　　] amigos (vivir　　　　　) cerca de [君の　　　　] casa?

(5) ¿Este (ser　　　　) [あなたの　　　　　] bolígrafo? —Sí, (ser　　　　) [私の　　　　].

3 下線部を（　　）内の語句にし、全文を書きかえよう。

(1) Sus <u>habitaciones</u> no son muy grandes. (下線部を単数形に)

(2) Esa es nuestra <u>compañera de la clase</u>. (compañeros de la oficina)

(3) ¿Este <u>libro</u> es tuyo? —No, no es mío. Es suyo. (revista)

(4) ¿Aquel <u>señor</u> es vuestro padre? —No. Es nuestro hermano mayor. （下線部を複数形に）

4 質問に答えよう。

(1) ¿Qué fecha es hoy? (9 月 13 日) _____

(2) ¿Qué día es hoy? (水曜日) _____

(3) ¿Qué hora es? (2 時半) _____

(4) ¿Cuándo es tu cumpleaños? (8 月 22 日) _____

Conversación

1-64 **1**

A: Este es el Sr. Rodríguez y esta es la Sra. Suárez.

B: Encantado.

C: Encantada.

1-65 **2**

A: ¿De quién es este paraguas?

B: Es de Yolanda.

A: ¿Y aquel? ¿Es tuyo?

B: Sí, es mío.

1-66 **3** (En un mercadillo)

A: ¿Qué es esto?

B: Es un posavasos.

A: Y, ¿qué es eso?

B: Es un aceite de oliva.

1-67 **4**

A: ¿Qué día es hoy?

B: Es sábado.

A: ¿Cuándo es el examen?

B: El examen es el 20 de julio.

1-68 **5**

A: ¿Qué hora es?

B: Son las once en punto.

> **Aplicamos** 単語を入れかえて練習しよう

1. este を ese, aquel に変え、p.6 の表を参考に名前を入れかえよう

2. este paraguas を esa mochila, aquellos zapatos に変えよう

3. p.57 のスペイン土産を参考に答えを変えよう

4. 今日の曜日にして、試験の日付を変えよう

5. 今の時間で答えよう

37

Comprensión auditiva

1-69 **1** 会話を聞いて、何が誰のものなのか、記号を選ぼう。

(1) a. De Sara.　　b. De Lucía.　　　　(2) a. Del señor.　　b. De su hermana.

(3) a. De Pedro.　　b. De Ana.　　　　(4) a. De ellos.　　b. De su hermana.

1-70 **2** 会話の時間をスペイン語で書きとり、和訳しよう。

(1)　　　　　　　　　　　　　　　　　　(2)

(3)　　　　　　　　　　　　　　　　　　(4)

(5)

3 会話の曜日をスペイン語で書きとり、何の日について話しているのか答えよう。

1-71 (1)　　　　　　　　　　　　　　　　　　(2)

(3)　　　　　　　　　　　　　　　　　　(4)

4 会話の日付をスペイン語で書きとり、何の日なのか、Avanzamos❷の表から選ぼう。

1-72 (1)　　　　　　　　　　　　　　　　　　(2)

(3)　　　　　　　　　　　　　　　　　　(4)

---

❶ 次の日本語をスペイン語にしよう。　　　　　　　　　　**Avanzamos**

(1) 今日は何曜日ですか？―土曜日です。

(2) 今日は何日ですか[1)]？― 10 月 12 日です。

(3) 今何時ですか？― 17 時 45 分です。

(4) 君の誕生日はいつですか？―私の誕生日は 12 月 8 日です。

(5) 君のお母さんの誕生日はいつですか？―私の母の誕生日は 5 月 1 日です。

❷ 次のイベントの日付をスペイン語で言ってみよう。

新年	Año Nuevo	カーニバル	Carnaval
聖週間	Semana Santa	クリスマス	Navidad
クリスマスイブ	Nochebuena	大晦日	Nochevieja
誕生日	cumpleaños	祝日	festivo
サン・ジョルディの日（本の日）	San Jordi	バレンタイン	San Valentín

1) 日付は次のように聞くこともできる。

¿A cuántos estamos (hoy)? —Estamos a 25 de febrero. (estamos → p.42 参照)

（序数の例文）

Ej. El Día de la Madre en Japón es el segundo domingo de mayo.

Actividades comunicativas A

❶ 友人3人で旅行中、スーツケースの中身をぶちまけてしまった。誰のものなのか、指示詞を使ってクラスメートに質問しよう。質問されたら、所有形容詞を使い、答えよう。

赤：自分の、黄色：君の、青：彼女の

Ej. ¿De quién es esta camisa? —Es mía. / ¿Son tuyas aquellas gafas? —No, son suyas.

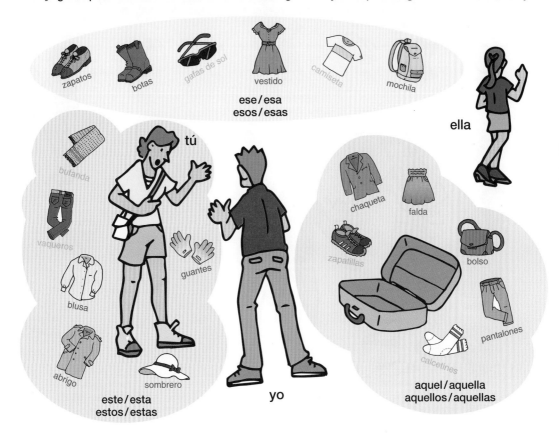

zapatos
botas
gafas de sol
vestido
camiseta
mochila

ese / esa
esos / esas

ella

Lección
5

tú

bufanda
vaqueros
guantes
blusa
abrigo
sombrero

este / esta
estos / estas

yo

chaqueta
falda
zapatillas
bolso
pantalones
calcetines

aquel / aquella
aquellos / aquellas

❷ 次のイベントの日付をインターネットで調べよう。また、(1)〜(3)のイベントの日付を、例を参考にしてクラスメートに質問しよう。

公現日（公現祭）(Epifanía)
万聖節（諸聖人の日）(Día de Todos los Santos)
国際女性の日 (Día Internacional de la Mujer)

Ej. ¿Cuándo es el Día del Libro? —Es el 23 de abril.

(1) クリスマス (Navidad)
(2) 死者の日 (Día de los Muertos)
(3) 労働の日 (Día del Trabajo)

Actividades comunicativas B

❶ 友人3人で旅行中、スーツケースの中身をぶちまけてしまった。誰のものなのか、指示詞を使ってクラスメートに質問しよう。質問されたら、所有形容詞を使い、答えよう。

黄色：自分の、赤：君の、青：彼女の

Ej. ¿De quién es esta camisa? —Es mía. / ¿Son tuyas aquellas gafas? —No, son suyas.

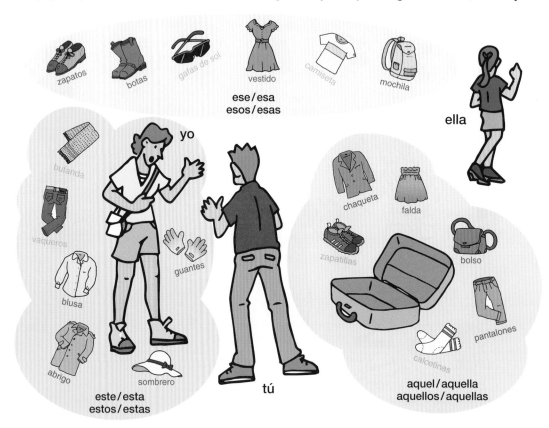

❷ 次のイベントの日付をインターネットで調べよう。また、(1)～(3)のイベントの日付を、例を参考にしてクラスメートに質問しよう。

クリスマス (Navidad)
死者の日 (Día de los Muertos)
労働の日 (Día del Trabajo)

Ej. ¿Cuándo es el Día del Libro? —Es el 23 de abril.

(1) 公現日（公現祭）(Epifanía)
(2) 万聖節（諸聖人の日）(Día de Todos los Santos)
(3) 国際女性の日 (Día Internacional de la Mujer)

形容詞Ⅱ　Adjetivos Ⅱ　1-73

alegre

libre

limpio

caliente

abierto

triste

ocupado

sucio

frío

cerrado

cansado

enfermo

resfriado

ocupado

preocupado

場所を表す副詞句、前置詞句　Locuciones adverbiales de lugar y preposiciones　1-74

aquí

ahí

allí

a la derecha de
a la izquierda de

en

al lado de

en frente de

delante de
detrás de

cerca de

lejos de

al fondo de　〜の奥に　　　dentro de　〜の中に

encima de　〜の上に　　　debajo de　〜の下に

entre (... y ...)　(〜と〜の) 間に　**Ej.** Hay una panadería entre el parque y la librería.

norte　北　　sur　南　　este　東　　oeste　西

 **GRAMÁTICA**

1-75 **1. 動詞 estar** El verbo *estar*

	単数		複数
yo	estoy	nosotros / nosotras	estamos
tú	estás	vosotros / vosotras	estáis
él / ella/ usted	está	ellos / ellas / ustedes	están

① 気分、感情や体調などの状態を表す。

¿Cómo estás? —Estoy bien, gracias.

Elena está muy ocupada siempre.

¿El supermercado está cerrado? —Sí, porque hoy es domingo.

⚽**Práctica ❶** （　　）内に estar を活用させ、形容詞を適切な形にしよう。

(1) Los niños (　　　) [triste　　　　] por esa noticia.

(2) ¿Esta mesa (　　　) [libre　　　　]? —No, (　　　) [ocupado　　　　].

(3) La sopa ya (　　　) [frío　　　].

② 特定の人や物の存在を表す。

¿Dónde estás? —Estoy en casa.

Nuestra universidad está al lado de la estación.

Hokkaido está al norte de Japón.

⚽**Práctica ❷** （　　）内に estar を活用させよう。

(1) El hospital (　　　) en frente de la universidad.

(2) ¿Dónde (　　　) vosotros ahora? — (nosotros　　　　) en Granada.

(3) El Museo del Prado (　　　) en Madrid.

(4) Mis hijos (　　　) a la derecha de la profesora Sánchez.

1-76 **2. ser と estar** El uso de *ser* y *estar*

ser は変わりにくいもの（主語の性質、性格や出身など）を、estar は状態（主語の気分、感情や体調など）を表す。

¿Cómo es Juan? —Es muy simpático.

¿Cómo está Juan? —Está un poco cansado.

La gente de Madrid es alegre.

La gente de Madrid está alegre por la victoria del Real Madrid.

⚽**Práctica ❸** （　　）内に ser または estar を活用させよう。

(1) Julia (　　　　) amable siempre.

(2) (yo　　　　) preocupado por el examen de mañana.

(3) El queso *mozzarella* (　　　　) caro normalmente, pero hoy (　　　　) muy barato.

(4) Alejandro (　　　　) guapo con la chaqueta.

3. hay hay

1-77

hay は動詞 haber の 3 人称単数形。人や物の存在を表す。

Hay un libro en la mesa.

Hay muchos policías en la calle.

No hay huevos en la nevera.

¿Qué hay cerca de aquí? —Hay un puente antiguo. Es muy famoso.

⚽**Práctica ❹** （　　）の語を並び替えて、意味の通る文にしよう。

(1) この階にトイレはありません。

(no　　planta　　servicios　　esta　　en　　hay)

(2) あの町にはたくさんの留学生がいます。

(ciudad　　muchos　　hay　　extranjeros　　aquella　　estudiantes　　en)

Lección
6

4. hay と estar El uso de *hay* y *estar*

1-78

hay は不特定の人や物の存在を表し、不定冠詞、無冠詞、数量を示す語と用いられる。estar は特定の人や物の存在を表し、固有名詞、定冠詞、指示詞、所有詞と用いられる。

Hay pañuelos de papel en el bolso.

Hay tres perros en el jardín.

Hay poca gente en este parque.

Julio está en la librería ahora.

El hotel está a la derecha de la estación.

¿Dónde están tus padres? —Mis padres están en la sala.

⚽**Práctica ❺** （　　）内に hay または estar を活用させて入れよう。

(1) Hoy no (　　　　) clase, por eso Jorge y yo (　　　　) en casa.

(2) ¿Dónde (　　　　) tú?

—(yo　　　　) en la salida de la estación. Aquí (　　　　) una obra de Dalí.

Ejercicios

1 下線部を（　　）内の語句にし、全文を書きかえよう。

(1) <u>Este chocolate</u> está rico. (esta tarta)

(2) ¿Cómo estás <u>tú</u>? —Estoy un poco cansada. (下線部を複数形に)

(3) <u>Mi abuelo</u> de 70 años está muy joven. (下線部を複数形に)

(4) <u>Los autobuses</u> están en la parada. (下線部を単数形に)

2 （　　）内に ser または estar を活用させよう。

(1) (yo　　　　) alto y delgado.

(2) El banco (　　　　) abierto a esa hora.

(3) Esas joyas (　　　　) de mi abuela.

(4) Ahora Juana (　　　　) alegre, porque (　　　　) con su novio.

(5) (yo　　　　) encantada con mis nuevos vecinos. Ellos (　　　　) muy simpáticos.

(6) Mi amigo Miguel y yo (　　　　) de Sevilla.

(7) Javier (　　　　) tranquilo, pero (　　　　) muy enfadado ahora por su madre.

3 hay の後に続く語句として、適切なものをすべて選ぼう。

(1) Hay (los estudiantes / unos estudiantes / muchos estudiantes) en el gimnasio.

(2) No hay (pan / el pan / vuestro pan) en casa.

(3) ¿Dónde hay (esa farmacia / una farmacia / tu farmacia)?

4 （　　）内に hay または estar を活用させて入れよう。

(1) Nuestra casa (　　　　) cerca del mar.

(2) ¿Qué (　　　　) encima de la silla? —(　　　　) un gato pequeño.

(3) Madrid (　　　　) en el centro de España.

(4) ¿Dónde (　　　　) una mesa libre? —Allí, al fondo.

(5) ¿Dónde (　　　　) tus hermanos? —(　　　　) en la casa de mis tíos.

(6) Ahora (yo　　　　) en la plaza. Al lado del banco. Aquí (　　　　) un árbol muy grande.

   También (　　　　) un parque pequeño.

Conversación

1-79 **1**

A: ¿Cómo están tus padres?

B: Están muy bien, gracias.

1-80 **2** (En un tren)

A: ¿Está libre este asiento?

B: Sí, claro. / No, perdona[1]. Es para mi hijo.

1-81 **3**

A: Oye[2], ¿dónde está la parada de taxi?

B: Bajas al primer piso y todo recto, al fondo y a la derecha.

1-82 **4**

A: ¿Qué hay en la nevera?

B: Hay leche, queso y muchos huevos, pero no hay yogur.

Lección 6

1-83 **5**

A: ¿Hay una oficina de turismo por aquí?

B: Sí, hay una cerca.

A: ¿Dónde está la oficina?

B: Estáalladodelbanco.

A: ¿Otra vez, por favor?

B: Está al lado del banco.

1) perdona「すみません」
2) oye「ねぇ」

Aplicamos 単語を入れかえて練習しよう

1. 主語を入れかえよう   tus abuelos, hermanos, compañeros

3. 場所の表現を変えよう   **Ej.**「2 階に上がって (subir)、左に曲がり、そのまままっすぐ」
    「3 階に上がって (subir)、階段 (escalera) の横」

4. 食べ物を入れかえよう

    mantequilla, mermelada, mayonesa, ketchup, chorizo, zumo de naranja

5. 銀行の場所を尋ねよう

Comprensión auditiva

1 会話を聞いて、正しいイラストを選ぼう。

1-84 (1)

a.    b.

1-85 (2) ¿Qué le pasa[1)]?

a.   b.

1-86 (3)

a.    b.

1-87 (4)

a.   b.

sopa   café

1) ¿Qué le pasa?　「(彼女に) 何があったの」

2 会話を聞いて、目的の場所の記号をA〜Gから選ぼう（出発地点は (1) 〜 (4)）。

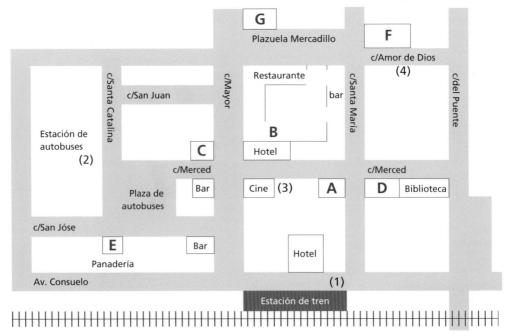

(1) **1-88**   (2) **1-89**   (3) **1-90**   (4) **1-91**

| esquina 角   entrada 入り口   recto まっすぐ   hasta 〜まで   O sea, 「つまり」 |
| Eso es. 「そのとおり」   ¿Ves? 「ほらね」   siguiente その次の   No hay de qué. 「どういたしまして」 |
| Perdón. 「すみません」   Bueno, 「うーん，ええと」   Mira. 「見て、ほら、あのね」 |

Actividades comunicativas A

1 クラスメートに (1)〜(4)の人の状態を尋ねよう。尋ねられたら枠内の①〜④のイラストを見て返答しよう。

Ej. ¿Cómo está Carmen?　—Está cansada.

(1) ¿Cómo está Sandra?
(2) ¿Cómo está Julio?
(3) ¿Cómo está Pepa?
(4) ¿Cómo está Jorge?

① Daniela　　② Andrés　　③ Carlos　　④ Ernesto

2 クラスメートに、家の中にあるものを言ってみよう。

Ej. ¿Qué hay en tu dormitorio?　—Hay una cama, una mesa y una silla.

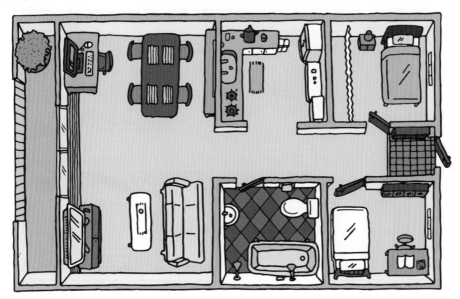

microondas 電子レンジ　　armario タンス　　cama ベッド　　estantería 本棚

3 上記のものがどこにあるのか、位置関係を表そう。

Ej. ¿Dónde está la nevera?　—Está en la cocina, a la derecha de la entrada.

4 自分の家あるいは部屋の図を描こう。習った単語をできるだけ入れて、クラスメートに説明しよう。

Lección
6

Actividades comunicativas

❶ クラスメートに(1)～(4)の人の状態を尋ねよう。尋ねられたら枠内の①～④のイラストを見て返答しよう。

Ej. ¿Cómo está Carmen? —Está cansada.

(1) ¿Cómo está Daniela?   (2) ¿Cómo está Andrés?

(3) ¿Cómo está Carlos?   (4) ¿Cómo está Ernesto?

①Sandra   ②Julio   ③Pepa   ④Jorge

❷ クラスメートに、家の中にあるものを言ってみよう。

Ej. ¿Qué hay en tu dormitorio? — Hay una cama, una mesa y una silla.

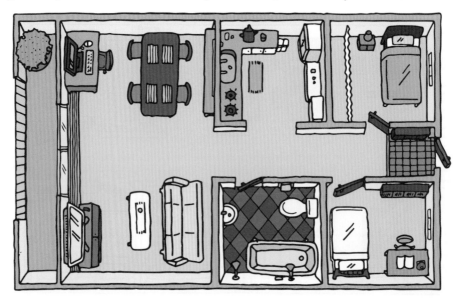

microondas 電子レンジ   armario タンス   cama ベッド   estantería 本棚

❸ 上記のものがどこにあるのか、位置関係を表そう。

Ej. ¿Dónde está la nevera? —Está en la cocina, a la derecha de la entrada.

❹ 自分の家あるいは部屋の図を描こう。習った単語をできるだけ入れて、クラスメートに説明しよう。

不規則動詞Ⅰ　Verbos irregulares Ⅰ　2-1

ver

salir

hacer

saber

poner　　　　　conducir

conocer

時を表す副詞句　Adverbios de tiempo

antes de...　〜の前に　　después de...　〜の後に

数字Ⅲ　Números Ⅲ　2-2

| 101 ciento uno | 102 ciento dos | 103 ciento tres | 199 ciento noventa y nueve |

| 200 doscientos | 300 trescientos | 400 cuatrocientos | 500 quinientos |

| 600 seiscientos | 700 setecientos | 800 ochocientos | 900 novecientos |

999 novecientos noventa y nueve

| 1.000 mil | 2.000 dos mil | 10.000 diez mil |

| 1.000.000 un millón | 2.000.000 dos millones | 10.000.000 diez millones |

100.000.000 cien millones

 (1) 200 〜 900 までは女性形がある　doscient**as** casas
(2) millón は名詞　diez millones de habitantes
(3) 桁区切りはピリオド (.)、小数点はコンマ (,) をつける

次の数字をスペイン語で書こう。　　　　　　　**Avanzamos**

(1) 160　　(2) 357　　(3) 711　　(4) 1549　　(5) 2026　　(6) 15.800

2-3 **1. 直説法現在 不規則動詞 (1)** Presente de indicativo de los verbos irregulares (1)

1 人称単数形のみ不規則の動詞

ver	
veo	vemos
ves	veis
ve	ven

dar	
doy	damos
das	dais
da	dan

saber	
sé	sabemos
sabes	sabéis
sabe	saben

hacer	
hago	hacemos
haces	hacéis
hace	hacen

salir	
salgo	salimos
sales	salís
sale	salen

conocer	
conozco	conocemos
conoces	conocéis
conoce	conocen

poner: **pongo**, pones, pone... conducir: **conduzco**...

⚽**Práctica ❶** 動詞を活用させよう。

(1) salir (yo)　　　(2) dar (vosotros)　　(3) ver (ustedes)　　　(4) hacer (ella)

(5) saber (usted)　(6) hacer (yo)　　　(7) poner (yo)　　　(8) conocer (nosotros)

2-4 Veo este programa cada semana.

Vemos a Rafael en la cafetería.

Doy estas flores a mi madre.

No sé tu número de teléfono.

¿Qué haces después de la clase? —Hago deporte con mis amigos.

Salgo con mi novia el fin de semana.

El tren sale a las nueve en punto.

Zahira conoce a mi hermano.

⚠ saber は知識や技能として知っていること、conocer は実際に体験や経験をして知っていること を表す。

Ella sabe un poco sobre Argentina.

¿Sabes conducir? —Sí, pero no conduzco bien.

Conozco mucho esta ciudad.

⚽**Práctica ❷**　（　　）内の動詞を活用させ、[　　]内に必要であれば a または al を、不要な 場合は×を書き入れよう。

(1) (Ver: yo　　　　　　) [　　　] la película de Pedro Almodóvar.

(2) (Ver: nosotros　　　　　　) [　　　] señor Torres esta tarde.

(3) (Dar: yo　　　　　) un collar de perlas [　　　] Regina por su cumpleaños.

(4) (Conocer: yo　　　　　) [　　　] España.

2. 直接目的格人称代名詞 Pronombres personales de objeto directo

me	私を	nos	私たちを
te	君を	os	君たちを
lo / la	彼を、彼女を、あなたを それを そのことを（中性形）	los / las	彼らを、彼女らを、あなたがたを それらを

活用する動詞の前に置く。

¿Me esperas en la entrada?

No te escucho bien.

¿Conoces a Ramón y Victoria? —No, no los conozco.

¿Sabes que el profesor es primo de José? —Sí, lo sé.

⚠ 不定詞がある場合は、不定詞につけることもできる。

Debe hacerlo enseguida. / Lo debe hacer enseguida.

⚽ Práctica ❸　下線部を直接目的格人称代名詞にして、文を書きかえよう。

(1)　Busco el libro de texto. →

(2)　¿Abres las ventanas? →

(3)　Susana no invita a su compañera a la fiesta. →

(4)　Debes hacer la tarea antes de la clase. →

Lección
7

3. 間接疑問文 Interrogativas indirectas

① 疑問詞のない疑問文は si でつなぐ。

¿Hay un examen mañana? → No sé si hay un examen mañana.

② 疑問詞のある疑問文はそのままつなぐ。

¿Dónde vive Gema? → ¿Sabes dónde vive Gema?

¿Qué hago yo? → No sé qué hago yo.

4. 時間表現② Expresiones de las horas (2)

¿A qué hora sales de casa? —Salgo a las ocho y cuarto de la mañana.

¿A qué hora termina la clase? —Termina a las cuatro y media.

Ejercicios

1 動詞を活用させよう。

(1) Normalmente (salir: yo   ) de casa a las ocho.

(2) ¿(Ver: tú   ) la televisión? —Sí, (ver   ) las noticias todos los días.

(3) (Conducir: yo   ) tres veces a la semana.

(4) ¿Dónde (poner: yo   ) las flores?

(5) Ricardo (saber   ) nadar, pero yo no (saber   ).

(6) (Hacer: yo   ) la maleta hoy para el viaje a México.

2 (   ) に選択肢から適切な動詞を選び、活用させよう。

> conocer, ver, dar, poner, saber, salir

(1) ¿(   ) usted la dirección de la compañía?

(2) (nosotros   ) estos juguetes a nuestros sobrinos.

(3) Raúl estudia mucho y no (   ) de su habitación.

(4) (yo   ) a un amigo en la estación.

(5) (tú   ) la mochila en la mesa.

(6) No (yo   ) este barrio, y ella tampoco. Somos de otra ciudad.

3 (   ) に適切な直接目的格人称代名詞を入れよう。

(1) Su abuela vive cerca. (   ) visita todos los días.

(2) Compro un periódico en la estación. (   ) leo en tren.

(3) Esta es mi maleta. ¿(   ) lleva usted a mi habitación, por favor?

(4) ¿Me llamas esta tarde? —Sí, (   ) llamo después.

(5) ¿Nos ayudas? —Sí, (   ) ayudo con mucho gusto.

(6) ¿Sabes que hoy es el cumpleaños de Luz? —No, no (   ) sé.

4 下線部を直接目的格人称代名詞に変えて、答えとなる文を書こう。

(1) ¿Tocas <u>la guitarra</u>? —Sí, _____.

(2) ¿Ves <u>a aquellas chicas</u>? —No, _____.

(3) ¿Conocéis <u>al profesor Moreno</u>? —No, _____.

(4) ¿Los llevas a la estación? —Sí, _____.

(5) ¿Te ama tu novio? —Sí, _____ mucho.

(6) ¿Me comprendéis? —Sí, _____.

(7) ¿Nos esperan ustedes aquí? —No. _____ allí.

Conversación

2-8 **1**

A: ¿Ves el partido de fútbol de hoy?

B: Sí, lo veo esta noche en el bar Estadio.

2-9 **2**

A: ¿Ves a Juana y Adriana?

B: Sí, las veo esta tarde.

A: ¿Sabes dónde están ahora?

B: No, no lo sé.

2-10 **3**

A: ¿Conoces Córdoba?

B: No, no la conozco, pero sé un poco su historia.
Hay una mezquita grande y antigua, ¿no?

Lección

7

2-11 **4**

A: ¿Conoces a Maribel?

B: No. Es una amiga de mi hermano, pero no la conozco.

2-12 **5**

A: ¿A qué hora quedamos?

B: ¿Quedamos a las nueve?

A: No. A las once en la puerta del cine.

Aplicamos 単語を入れかえて練習しよう

1. el partido de fútbol を telenovela に変え、場所も変えよう

2. Juana y Adriana を Miguel y Natalia に変えよう

4. Maribel を Ignacio に変えよう

5. 時間と場所を変えよう（**Ej.** en la entrada del estadio, en la boca del metro）

Comprensión auditiva

1 会話を聞きとり、下線部を埋めよう。

2-13 (1) A: ¿ _____ _____ _____ _____ de casa los lunes?

B: _____ de casa _____ _____ _____ _____ _____ .

2-14 (2) A: ¿ _____ la tarjeta de estudiante siempre?

B: Sí, claro. _____ _____ .

A: ¿Y el pasaporte?

B: No, _____ _____ _____ _____ .

2-15 (3) A: ¿ _____ Taiwan?

B: No, _____ _____ _____ .

2-16 (4) A: ¿ _____ la dirección de tu _____ de memoria?

No, _____ _____ _____ .

2-17 (5) A: ¿ _____ a tus abuelos _____ _____?

B: No, _____ _____ _____ . _____ _____ la semana que viene.

2-18 (6) A: ¿ _____ _____ los _____ normalmente?

B: Normalmente _____ _____ antes de dormir.

▶ スペイン語で答えよう。

Avanzamos

(1) ¿Qué ciudades de Japón conoces?

(2) ¿Qué sitio del mundo conoces?

(3) ¿Sabes dónde está Machu Picchu?

(4) ¿Sabes cómo se dice "maleta" en japonés?

Actividades comunicativas A

❶ (1)〜(5)のイラストを指しながら、国外旅行・国内旅行いずれにもって行くか、クラスメートに尋ねよう。否定の答えを、少なくとも2つ入れよう。

¿Lo (la / los / las) llevas para un viaje por el extranjero (por Japón)?
　　　　　　　　　　—Sí, lo (la / los / las) llevo. / No, no lo (la / los / las) llevo.

(1)　　　　　　　(2)　　　　　　(3)　　　　　　　(4)　　　　　　　(5)

❷ クラスメートにアンケートをとって、結果を報告しよう。

(1)　¿A qué hora sales de casa los lunes?
(2)　¿Sabes conducir?
(3)　¿Dónde haces los deberes de español?
(4)　¿Conoces ya algún país europeo?
(5)　¿Ves la televisión por la mañana?

Lección
7

❸ 次の (1)〜(6) のテーマについてインターネットで調べ、数字をスペイン語で書こう。また、クラスメートに枠内①〜⑥の数字を尋ねよう。

Ej. la población de tu ciudad —dos millones setecientas treinta y seis mil personas

(1)　el año de la Reconquista
(2)　el número de ventas de coches electrónicos en Japón
(3)　el número de estudiantes de tu universidad
(4)　el número de turistas en España
(5)　la población de Japón
(6)　los gastos de transporte a tu universidad

> ① el año de la promulgación de la actual Constitución española
> ② el número de ventas de coches eléctronicos en el mundo
> ③ el número de estudiantes de tu facultad
> ④ el número de turistas en Japón
> ⑤ la población de España
> ⑥ los gastos de transporte a tu universidad

Actividades comunicativas B

❶ (1)〜(5)のイラストを指しながら、国外旅行・国内旅行いずれにもって行くか、クラスメートに尋ねよう。否定の答えを、少なくとも2つ入れよう。

¿Lo (la / los / las) llevas para un viaje por el extranjero (por Japón)?

　　　　　　　—Sí, lo (la / los / las) llevo. / No, no lo (la / los / las) llevo.

(1)　　　　　　(2)　　　　　　(3)　　　　　　(4)　　　　　　(5)

❷ クラスメートにアンケートをとって、結果を報告しよう。

(1)　¿A qué hora sales de casa los lunes?

(2)　¿Sabes conducir?

(3)　¿Dónde haces los deberes de español?

(4)　¿Conoces ya algún país europeo?

(5)　¿Ves la televisión por la mañana?

❸ 次の(1)〜(6)のテーマについてインターネットで調べ、数字をスペイン語で書こう。また、クラスメートに枠内①〜⑥の数字を尋ねよう。

Ej. la población de tu ciudad　—dos millones setecientas treinta y seis mil personas

(1)　el año de la promulgación de la actual Constitución española

(2)　el número de ventas de coches electrónicos en el mundo

(3)　el número de estudiantes de tu facultad

(4)　el número de turistas en Japón

(5)　la población de España

(6)　los gastos de transporte a tu universidad

> ① el año de la Reconquista
> ② el número de ventas de coches eléctronicos en Japón
> ③ el número de estudiantes de tu universidad
> ④ el número de turistas en España
> ⑤ la población de Japón
> ⑥ los gastos de transporte a tu universidad

不規則動詞Ⅱ　Verbos irregulares Ⅱ　2-19

cerrar

empezar

sentir

pensar

volver

costar

morir

dormir

pedir

servir

seguir

jugar

名詞Ⅲ（スペイン土産）　Sustantivos Ⅲ　2-20

aceite de oliva

abanico

agua de colonia

pendientes

postal

azulejo

cerámica de Talavera

monedero

cava

chocolate

bufanda del Barça

taza del Real Madrid

camiseta del Boca Juniors

jamón

chorizo

2-21 **1. 直説法現在 不規則動詞 (2)** Presente de indicativo de los verbos irregulares (2)

語幹母音変化動詞（活用を書き入れよう）

e → ie

empezar	
empiezo	empezamos
empiezas	empezáis
empieza	empiezan

cerrar	
cierro	
	cerráis
cierra	

querer	
	queremos
quieres	

⚽ **Práctica 1** 動詞を活用させよう。

(1) querer (nosotros) (2) empezar (ella) (3) cerrar (tú) (4) preferir (yo)

(5) entender (vosotros) (6) pensar (ellos) (7) sentir (yo)

o → ue

volver	
vuelvo	volvemos
vuelves	volvéis
vuelve	vuelven

dormir	
	dormís
duerme	

poder	
puedo	podemos
	pueden

⚽ **Práctica 2** 動詞を活用させよう。

(1) volver (yo) (2) poder (ustedes) (3) dormir (nosotros) (4) encontrar (tú)

(5) recordar (él) (6) costar (el vino)

e → i

pedir	
pido	pedimos
pides	pedís
pide	piden

seguir	
sigo	seguimos
sigues	

u → ue

jugar	
juego	jugamos
juegas	jugáis
juega	juegan

⚽ **Práctica 3** 動詞を活用させよう。

(1) pedir (vosotros) (2) seguir (yo) (3) servir (tú) (4) repetir (nosotros)

(5) jugar (ellos)

¿Quieres un café? –Sí, por favor.

¿A qué hora empieza la clase de español? —Empieza a las diez y media.

Vuelvo a casa después del trabajo.

¿Qué pides normalmente en este restaurante? —Pido el menú del día.

Los niños juegan al fútbol en el parque.

⚠ querer ＋不定詞　Quiero ir a Segovia para ver el Acueducto.

poder ＋不定詞　¿Puedo cerrar la ventana?　　¿Puedes llevarme al hospital?

⚽ **Práctica ➍**　動詞を活用させよう。

(1) ¿(Entender: vosotros　　　　　　) al profesor? —No, no lo (entender　　　　　),
　　 pero ella sí.

(2) La niña (seguir　　　　　) a su hermana mayor.

(3) Mis hijos (dormir　　　　　) nueve horas.

(4) Lo (sentir: yo　　　　　), pero no (poder　　　　　) ayudarte.

(5) (Querer: nosotros　　　　　) este abanico. ¿Cuánto (costar　　　　　)?

(6) En España los bancos (cerrar　　　　　) a las dos de la tarde.

---

2. 間接目的格人称代名詞 Pronombres personales de objeto indirecto　　2-22

me	私に	nos	私たちに
te	君に	os	君たちに
le	彼に、彼女に、あなたに	les	彼らに、彼女らに、あなたがたに

① **活用する動詞の前に置く。**
　 Te presto mi bicicleta.
　 Mi abuela me compra chocolate siempre.
　 Os enseño español.

② **2つの目的格人称代名詞が並ぶ場合、「間接＋直接」の順になる。**
　 Te la presto.
　 Mi abuela me lo compra siempre.
　 Os lo enseño.

③ **2つの目的格人称代名詞がどちらも3人称の場合、le / les は se になる。**
　 Doy las flores a mi novia. → Se las doy.
　 Escribimos un e-mail a Marcos. → Se lo escribimos.

　 ⚠ (1) 不定詞がある場合は、不定詞につけることもできる。アクセント記号に注意。
　　　　 Me lo quiere regalar.　 / Quiere regalármelo.
　　 (2) 3人称が誰であるかを明らかにしたい場合は、「a ＋（代）名詞」で示す。
　　　　 Le envío este paquete a Susana.

Lección
8

⚽ **Práctica ➎**　下線部を直接目的格人称代名詞に、波線部を間接目的格人称代名詞にして、文
を書きかえよう。

(1) Envío un paquete a Luis. →

(2) Mi padre enseña béisbol a los niños. →

(3) Lo llevo a mi vecina. →

(4) Queremos darlo a ellos. →

1 動詞を活用させよう。

(1) Ellos (pensar ⬚) mucho sobre este tema.

(2) ¿Qué (preferir: tú ⬚), el avión o el tren bala? — (Preferir ⬚) el avión.

(3) ¿Sabes dónde está mi móvil? No lo (encontrar: yo ⬚).

(4) No (poder: yo ⬚) (recordar ⬚) el código postal de mi casa.

(5) Mi hijo (repetir ⬚) la misma pregunta.

(6) Siempre (pedir: yo ⬚) carne para el segundo plato.

2 (　) に選択肢から適切な動詞を選び、活用させよう。

> querer, poder, servir, volver, jugar, empezar

(1) No (yo ⬚) salir de casa. Estoy resfriado.

(2) Mi hermano (⬚) a casa muy tarde.

(3) ¿Te (yo ⬚) un café? —Sí, por favor.

(4) Los estudiantes (⬚) al tenis en la cancha.

(5) En Japón el segundo semestre (⬚) en septiembre.

(6) ¿Qué (tú ⬚) hacer este fin de semana?

3 下線部または波線部を目的格人称代名詞に変えて、文を書きかえよう。

(1) Te enseñamos nuestra dirección. →

(2) ¿Me prestas tu coche? →

(3) Jorge da caramelos a los niños. →

(4) Regalo el anillo a mi novia.

(5) Escribís una carta a vuestro abuelo.

(6) Quiero comprarte este libro.

4 下線部または波線部を目的格人称代名詞に変えて、答えとなる文を書こう。

(1) ¿Me pasas la sal? —Sí, _____.

(2) ¿Tu padre te prepara la cena? —No, _____.

(3) ¿Le envías un e-mail? —No, _____.

(4) ¿Quieres comer paella en España? —Sí, _____.

(5) ¿Podéis llevar las manzanas a Julia? —Sí, _____.

Conversación

1

A: ¿Qué quieres?

B: Quiero un café con leche, por favor.

2

A: ¿Cuánto cuesta esta camiseta?

B: Cuesta 29 euros.

A: ¿Puedo pagarla con tarjeta de crédito?

B: No, solo en efectivo.

3

A: ¿Me enseñas tus fotos del viaje?

B: Sí, cómo no. Te las enseño. Un momento.

4 (Por teléfono)

A: ¿Dígame[1)]?

B: Quiero reservar una mesa el 15 de marzo.

A: ¿Cuántos son ustedes?

B: Somos tres.

A: ¿A qué hora?

B: A las nueve.

A: De acuerdo.

Lección
8

5 (En el aeropuerto)

A: ¿Dónde puedo recoger mi maleta?

B: Allí, al fondo.

(...)

A: Oye, no la encuentro.

B: Un momento. ¿Puedes enseñarme el resguardo, por favor?

1) Dígame.「もしもし」

Aplicamos 単語を入れかえて練習しよう

1. p.13 を参考に他のものを注文しよう

2. esta camiseta を estos pantalones に変え、値段を 42 euros にしよう

3. tus fotos del viaje を tus apuntes に変えよう

4. 時間と日付を変えよう

▶ 下線部を目的格人称代名詞に変えて、次の質問にスペイン語で
答えよう。

(1) ¿Tu madre te prepara <u>la comida para llevar</u>?

(2) ¿Tu padre te compra <u>un coche</u>?

(3) ¿Tu abuela te regala <u>Otoshidama</u>?

(4) ¿Tu hermano/a te regala <u>unos zapatos</u>?

(5) ¿Mandas <u>dinero</u> a tu amigo/a?

(6) ¿Vuestro/a profesor/a os enseña <u>las soluciones</u> en el examen?

Comprensión auditiva

1 会話を聞きとり、下線の間違いを正そう。

2-28 (1) Jorge está <u>libre</u> pero puede enviar<u>los</u> por la <u>mañana</u>.

2-29 (2) La niña quiere <u>escuchar</u> el programa, es <u>Conan</u>, y su padre lo permite pero <u>quiere</u> el volumen alto, porque él <u>ve</u> la radio.

2-30 (3) El niño quiere <u>jugar a los videojuegos</u>, pero su madre no se lo permite. Al final el niño saluda a su madre "<u>buenos días</u>".

---

el volumen alto 大きな音　　divertido 楽しい　　a la cama ベッドへ

Actividades comunicativas A

❶ 誰にどのお土産を買うのか、イラスト(1)〜(5)を見ながら質問しよう。また例のように答えよう。否定の答えを、少なくとも2つ入れよう。

Ej. ¿Le regalas este chocolate a tu amiga? ·

　　—Sí, se lo regalo. / No, no se lo regalo. Le regalo unas galletas.

¿A quién? : madre, hermano, compañera de piso, vecinos

(1) 　　(2) 　　(3) 　　(4) 　　(5)

❷ 以下の表現を参考にして、クラスメートに注文を聞こう。

Ej. Aquí tiene el menú del día. / ¿Qué quiere de primero?

　　—Para mí, de primero, gazpacho.

　　Hoy de segundo le recomiendo langostinos. / ¿Qué prefiere, cerveza o vino?

Menú del día	18,5€
Primer plato	ensalada (ensalada mixta, de legumbres, mariscos, espinacas con garbanzos)
	sopa (sopa de ajo, consomé de verduras, crema de calabaza, gazpacho)
Segundo plato	entrecot de ternera con patatas, albóndigas de pollo con tomate, lubina a la plancha, langostinos
Postres	tarta de chocolate, tarta de queso, helado, fruta del tiempo, sorbete de limón
Bebidas	café solo / cortado, té con leche / con limón, vino tinto / blanco, cerveza, zumo

Lección
8

❸ いろいろな国の通貨を用いて、次のものの値段をスペイン語で読もう。枠内のものの値段をクラスメートに尋ね、スペイン語で書こう。

Ej. imán (Estados Unidos) → ¿Cuánto cuesta un imán en Estados Unidos?

　　　　　　　　　　　　—Cuesta 1,50 (uno coma / con cincuenta) dólares.

kimono	230.000 yenes (Japón)
Chupa Chups	0,28 euros (España)
huipil	4.500 pesos (México)
bufanda de alpaca	230 soles (Perú)
Jaguar (coche inglés)	33.900 libras (Inglaterra)

yukata (Japón)	sello postal (España)
sombrero de charro (México)	collar de plata (Perú)
MINI cooper (coche inglés)	

Actividades comunicativas B

❶ 誰にどのお土産を買うのか、イラスト(1)～(5)を見ながら質問しよう。また例のように答えよう。否定の答えを、少なくとも2つ入れよう。

Ej. ¿Le regalas este chocolate a tu amiga?

—Sí, se lo regalo. / No, no se lo regalo. Le regalo unas galletas.

¿A quién? : padre, abuela, mejor amigo, jefe,

(1)   (2)   (3)   (4)   (5)

❷ 以下の表現を参考にして、クラスメートに注文を聞こう。

Ej. Aquí tiene el menú del día. / ¿Qué quiere de primero?

—Para mí, de primero, gazpacho.

Hoy de segundo le recomiendo langostinos. / ¿Qué prefiere, cerveza o vino?

Menú del día	18,5€
Primer plato	ensalada (ensalada mixta, de legumbres, mariscos, espinacas con garbanzos)
	sopa (sopa de ajo, consomé de verduras, crema de calabaza, gazpacho)
Segundo plato	entrecot de ternera con patatas, albóndigas de pollo con tomate, lubina a la plancha, langostinos
Postres	tarta de chocolate, tarta de queso, helado, fruta del tiempo, sorbete de limón
Bebidas	café solo / cortado, té con leche / con limón, vino tinto / blanco, cerveza, zumo

❸ いろいろな国の通貨を用いて、次のものの値段をスペイン語で読もう。枠内のものの値段をクラスメートに尋ね、スペイン語で書こう。

Ej. imán (Estados Unidos) → ¿Cuánto cuesta un imán en Estados Unidos?

—Cuesta 1,50 (uno coma /con cincuenta) dólares.

yukata	19.800 yenes (Japón)
sello postal	1,02 euros (España)
sombrero de charro	1.200 pesos (México)
collar de plata	150 soles (Perú)
MINI cooper (coche inglés)	16.500 libras (Inglaterra)

kimono (Japón)	Chupa Chups (España)
huipil (México)	bufanda de alpaca (Perú)
Jaguar (coche inglés)	

tener 慣用句 **Expresiones con el verbo *tener*** 2-31

tener +

calor

frío

hambre

sed

dolor

fiebre

sueño

miedo

好きなもの、こと **Gustos** 2-32

bailes:

flamenco

salsa

tango

reguetón

estaciones:

primavera

verano

otoño

invierno

aficiones:

viajar

leer novelas

ver películas

escuchar música

jugar al fútbol

mascotas:

perro

gato

pájaro

peces

tortuga

2-33 **1. 直説法現在 不規則動詞 (3)** Presente de indicativo de los verbos irregulares (3)

oír	
oigo	oímos
oyes	oís
oye	oyen

decir	
digo	decimos
dices	decís
dice	dicen

tener	
tengo	tenemos
tienes	tenéis
tiene	tienen

venir	
vengo	venimos
vienes	venís
viene	vienen

ir	
voy	vamos
vas	vais
va	van

⚽ **Práctica ❶** 動詞を活用させよう。

(1) oír (él)   (2) venir (yo)   (3) decir (nosotros)   (4) tener (tú)

(5) ir (vosotros)   (6) oír (nosotros)   (7) decir (yo)   (8) tener (ellos)

2-34 Oímos el sonido de las campanas por la mañana.

¿Me dices la verdad? —Sí, te la digo.

Rafael dice que mañana trabaja hasta muy tarde.

¿Cuántos años tienes? —Tengo 19 años.

Lucía tiene mucha hambre.

¿Cómo vienes a la estación? —Vengo a pie.

¿A dónde vas? —Voy al supermercado.

⚠ (1) tener que ＋不定詞

     Tengo que preparar la cena hoy, porque mi madre vuelve tarde.

     (deber ＋不定詞 義務 Debes hacer la tarea ahora mismo.)

(2) ir a ＋不定詞

     ¿Qué vas a hacer mañana? —Voy a ir a la biblioteca.

     Vamos a cantar.

⚽ **Práctica ❷** 動詞を活用させよう。

(1) (Oír: yo   ) un ruido extraño.

(2) Rocío (tener   ) los ojos azules.

(3) (Ir: yo   ) a la universidad cuatro veces a la semana.

(4) El cartel (decir   ) que empiezan las rebajas pronto.

(5) ¡Rápido! El tren (venir   ) pronto.

(6) (Ir: nosotros   ) a celebrar la victoria. ¡Salud!

2. 前置詞格人称代名詞 Pronombres personales con preposiciones

人称代名詞は、前置詞（a, con, de, en, para, por など）の後で次のような形になる。

mí	nosotros / nosotras
ti	vosotros / vosotras
él / ella / usted	ellos / ellas / ustedes

¿Crees que esto es para mí?

Mis padres están al lado de ti.

Raquel sale con nosotros este domingo.

⚠ con + mí → conmigo　　Tu hermana está conmigo ahora.
　con + ti → contigo　　Voy al trabajo contigo.

⚽**Práctica ❸**　日本語に合うように、（　）内に適切な前置詞格人称代名詞を書き入れよう。

(1) Quiero estar (君と一緒に　　　　　　).
(2) El perro está delante de (私　　　　　).
(3) Este regalo es para (彼女　　　　　　).
(4) La profesora está preocupada por (私たち　　　　　).

3. 動詞 gustar El verbo gustar

2-36

「〜が好きだ」という表現は、好きな対象が主語となり、動詞の後ろに置く。好きである人は、間接目的格人称代名詞で表し、動詞の前に置く。

Me	gusta	el español.	私はスペイン語が好きだ。

間接目的格人称代名詞　動詞　　主語

Nos gusta el chocolate.　　　　　　　Os gustan los deportes.
A María le gustan las películas japonesas.　A mí no me gusta comer pescado.（強調）

⚽**Práctica ❹**　点線部に適切な間接目的格人称代名詞を書き入れ、（　）内には gustar を適切な形にしよう。

(1) (A vosotros) .... (　　　　　) los perros.
(2) (A usted) no .... (　　　　　) cantar.
(3) (A mí) .... (　　　　　) las novelas españolas.

4. その他の gustar 型動詞 Verbos del tipo gustar

2-37

Le encanta el fútbol, sobre todo la Liga Española.

Me duele mucho el estómago.

A los estudiantes les interesa la historia de Latinoamérica.

Lección
9

1 動詞を活用させよう。

(1) (Tener: yo　　　　　　　) un amigo peruano. Él (tener　　　　　　　) 31 años.

(2) Las patatas (venir　　　　　) de los Andes.

(3) ¿A dónde (ir: vosotros　　　　　　　) esta tarde? —(Ir　　　　　) al cine.

(4) ¿Me (oír: tú　　　　　)? —Sí, te (oír　　　　　　) bien.

(5) Raúl (decir　　　　　) que no (venir　　　　　　) a la fiesta.

(6) Mañana (ir: yo　　　　　) a estar en casa.

2 (　　) に選択肢から適切な動詞を選び、活用させよう（2度使用する語もある）。

> oír, venir, decir, ir, tener

(1) Rocío (　　　　　) el pelo rizado.

(2) Mi madre (　　　　　) al trabajo tres veces a la semana.

(3) ¿Estáis listos? Bueno, (nosotros　　　　　　) a leer juntos.

(4) Hoy mis padres no están en casa, por eso (yo　　　　　) que cuidar a mi perro.

(5) Siempre (tú　　　　) que estás ocupado.

(6) Creo que (　　　　) Quique. (　　　　　) sus pisadas.

3 点線部に適切な間接目的格人称代名詞を書き入れ、(　　) 内には gustar を適切な形にしよう。

(1) ¿Te (　　　　　) los perros?

　　—No, no ＿＿＿＿ (　　　　　　) mucho. Tengo miedo a los animales.

(2) A los españoles ＿＿＿＿ (　　　　　) el fútbol.

(3) A ti ＿＿＿ (　　　　　) la comida picante, pero a mí no ＿＿＿ (　　　　　)
　　nada.

(4) Nos (　　　　) bailar salsa, y ¿a vosotros? —A nosotros no.

(5) ¿A tus padres ＿＿＿＿ (　　　　　) viajar en avión?

　　—No. A mis padres ＿＿＿＿ (　　　　　) más viajar en tren.

4 点線部に適切な間接目的格人称代名詞を書き入れ、(　　) 内に gustar 型動詞を適切な形にしよう。

(1) Me (doler　　　　　) las piernas.

(2) A mí ＿＿＿＿ (interesar　　　　　) la economía europea.

(3) ¿A usted ＿＿＿＿ (gustar　　　　) los dibujos animados?

　　—Sí, ＿＿＿＿ (encantar　　　　　), sobre todo los dibujos japoneses.

(4) ¿Dónde te (doler　　　　)? —＿＿＿＿ (doler　　　　) la cabeza.

Conversación

1 (En un taxi)

A: ¿A dónde vamos?

B: Al Estadio Santiago Bernabéu, por favor.

A: ¿De dónde viene usted?

B: De Japón.

A: ¿Va a volver en metro?

B: Sí, porque hay mucho tráfico después del partido.

A: En el metro, cuidado con los ladrones.

2 (En un hospital)

A: ¿Qué le pasa?

B: Tengo frío y fiebre. Además, me duele el estómago.

A: ¿Cuánto tiempo lleva así?

B: Llevo dos días.

A: ¿Tiene alergia?

B: No, no la tengo.

A: Le voy a recetar una medicina. Tiene que tomarla tres veces al día.

Lección 9

3

A: Me gusta el pop español, ¿y a vosotros?

B: A mí también.

C: A mí no. No me gusta mucho.

D: A mí tampoco.

E: ¿Ah, sí? Pues, a mí sí.

Aplicamos 単語を入れかえて練習しよう

2. el estómago を los hombros に変えよう

3. p.65 を参考に el pop español を他の語に入れかえよう

Comprensión auditiva

2-41 **1** 会話を聞いて、下線を埋めよう。また、質問にスペイン語で答えよう。

(1) Tres amigos

Andrés: ¿Qué _____ _____ _____ en tu tiempo libre?

Emilia: Pues, _____ _____ _____ comics y _____ _____

_____.

Andrés: ¿Y _____ _____, Clara?

Clara: Yo, cuando tengo tiempo, corro siempre. _____ _____ correr.

¿Y _____ _____, Andrés?

Andrés: _____ _____ _____ _____ _____ películas.

Sobre todo _____ _____ las comedias.

Pregunta: ¿Qué les gusta hacer a los tres?

Andrés:

Emilia:

Clara:

2-42 (2) La visita al abuelo

Isabel: ¿_____ _____ _____ _____ este fin de semana?

Juan: _____ _____ _____ al hospital a ver a mi abuelo.

Isabel: ¿Qué le pasa?

Juan: _____ mucha _____ y _____ de cabeza estos días,

por eso _____ en el hospital.

Isabel: ¡Vaya[1)]! Espero que no sea nada[2)].

Pregunta: ¿A dónde va Juan? ¿Por qué?

1) vaya「何てこと！」
2) Espero que no sea nada.「何もないといいね」

▶ 次の日本語をスペイン語にしよう。 **Avanzamos**

(1) 君たちは何歳？——私は19歳で、兄は24歳です。

(2) 私たちはとてもお腹がすいていて、喉が渇いている。

(3) 私は小説を読むのは好きだが、映画を観るのはあまり好きではない。

❶ (1)～(4)のイラストを見てクラスメートに自分の状況を伝えよう。クラスメートの状況に
対しては、枠内の表現を使い、例にならってアドバイスをしよう。

Ej. A: ¿Qué te pasa?
B: Tengo fiebre.
A: Tienes que ir al hospital. / Debes dormir temprano.

abrir la ventana / ir al hospital / comprar una botella de agua / estar con tu madre /
poner el aire acondicionado / encender la luz / pedir un vaso de agua

(1)　　　　　　　(2)　　　　　　　(3)　　　　　　　(4)

❷ 自分の好きなことやものを、p.65 を参考にスペイン語で4つ書こう。

(1)

(2)

(3)

(4)

❸ ❷について、クラスメートに質問しよう。

Ej. ¿Qué te gusta? / ¿Qué no te gusta?
¿Qué tipo de música te gusta?

❹ 興味のある科目について、例にならってクラスメートに話そう。

Ej. Me interesa estudiar español porque quiero ir a España.
Me interesa estudiar Astrofísica y Cosmología, porque el universo es mágico.

Actividades comunicativas

❶ (1)〜(4)のイラストを見てクラスメートに自分の状況を伝えよう。クラスメートの状況に
対しては、枠内の表現を使い、例にならってアドバイスをしよう。

Ej. A: ¿Qué te pasa?

B: Tengo fiebre.

A: Tienes que ir al hospital. / Debes dormir temprano.

> cocinar / dormir en la cama / encender la calefacción / descansar / llevar bufanda /
> ir al comedor de la universidad / tomar pastillas

(1)   (2)   (3)   (4)

❷ 自分の好きなことやものを p.65 を参考にスペイン語で 4 つ書こう。

(1)

(2)

(3)

(4)

❸ ❷について、クラスメートに質問しよう。

Ej. ¿Qué te gusta? / ¿Qué no te gusta?

¿Qué tipo de música te gusta?

❹ 興味のある科目について、例にならってクラスメートに話そう。

Ej. Me interesa estudiar español porque quiero ir a España.

Me interesa estudiar Astrofísica y Cosmología, porque el universo es mágico.

比較表現 **Expresiones de comparación** 2-43

más alto

menos bajo

más bajo

menos alto

tan alto como

mayor

menor

mejor

peor

más libros

menos libros

天候表現 **Expresiones de tiempo atomosférico** 2-44

Hace buen tiempo.

Hace muy buen tiempo.

Hace mal tiempo.

Llueve.

Nieva.

Está nublado.

Hace calor.

Hace frío.

下線部を比較表現にして書きかえよう。　　　　　　　　　　　　**Avanzamos**

(1) <u>muchos</u> coches → _____

(2) <u>muy</u> interesante → _____

(3) <u>poca</u> gente → _____

(4) Hace <u>mucho</u> calor. → _____

(5) <u>buena</u> bicicleta → _____

(6) <u>mal</u> tiempo → _____

GRAMÁTICA

2-45 **1. 不定語・否定語** Indefinidos y negativos

1) 代名詞

	不定語	否定語
人	alguien	nadie
事物	algo	nada

¿Hay alguien en casa? —No, no hay nadie.

¿Viene alguien? —Nadie viene.

¿Quieres comer algo? —No, no quiero comer nada.

¿Ves algo? —No, no veo nada por aquí.

2-46 2) 形容詞・代名詞

	不定語		否定語	
	形容詞	代名詞	形容詞	代名詞
人・事物	algún libro	alguno	ningún libro	ninguno
	alguna tienda	alguna	ninguna tienda	ninguna
	algunos chinos	algunos		
	algunas japonesas	algunas		

¿Tienes algún libro de español? —Ahora no tengo ninguno (ningún libro).

¿Sabéis alguna novela argentina? —No, no sabemos ninguna (ninguna novela).

Enrique me envía algunas fotos de su familia.

⚽ **Práctica ❶** 適切な不定語・否定語を書き入れよう。

(1) ¿Tenéis (何か   ) pregunta? —No, no tenemos ninguna.

(2) ¿Conoces a (誰か   ) en esta ciudad? —No, no conozco a (誰も   ).

(3) ¿Hay (何か   ) en la caja? —No, no hay (何も   ).

2-47 **2. 天候表現** Expresiones de tiempo atmosférico

天候を表す動詞は、常に３人称単数形で用いる。

¿Qué tiempo hace hoy?　—Hace buen tiempo (mal tiempo).

Llueve mucho.

Está nublado.

No nieva mucho en el oeste de Japón.

En Japón hace calor en agosto y hace frío en febrero.

⚽ Práctica ❷　スペイン語にしよう。

(1)　今日はどんな天気ですか？

(2)　いい天気です。

(3)　東京では雨が降っています。

(4)　今日は曇っていて、寒いです。

3. 比較表現（形容詞） Comparativos

Rodrigo es [más] alto [que] Teresa.

Teresa es [menos] alta [que] Rodrigo.

Rodrigo es [tan] alto [como] Sergio.

Estos zapatos son más caros que esos.

Su hermano está más joven que ella.

Esta novela es tan interesante como esa.

⚽ Práctica ❸　日本語に合うように、点線部には形容詞を、（　）内には適切な語を書き入れよう。

(1)　Miguel は Adrián より背が低い。　Miguel es (　　　　) .... (　　　　) Adrián.

(2)　この建物はあれよりも古い。　　Este edificio es (　　　　) .... (　　　　) aquel.

(3)　それらの問題はこれらと同じくらい難しい。

　　　Esas preguntas son (　　　　) .... (　　　　) estas.

不規則形

mucho → más	bueno → mejor	grande → mayor
poco → menos	malo → peor	pequeño → menor

Tengo más libros que tú.

Aquí hay menos gente que allí.

Su idea es mejor que la tuya.

Mis padres son mayores que ellos.

⚽ Práctica ❹　日本語に合うように、点線部には形容詞を、（　）内には適切な語を書き入れよう。

(1)　Zahira は Cecilia よりも兄弟が多い。Zahira tiene .... hermanos (　　　　) Cecilia.

(2)　君は私より年下だ。Eres .... (　　　　) yo.

(3)　このテストの結果は前回よりも悪い。

　　　El resultado en este examen es .... (　　　　) en el anterior.

Lección
10

Ejercicios

1 不定語・否定語を書き入れよう。

(1) ¿Haces (　　　　　) esta tarde? —No, no hago (　　　　　).

(2) ¿Tiene Ud. (　　　　　) camisa de color blanco? —Sí, tengo alguna en el armario.

(3) A esta hora no hay (　　　　　) en casa.

(4) No puedes tocar (　　　　　) cosa de la mesa.

(5) ¿(　　　　　) sabe el número de teléfono de Yolanda?

(6) ¿Tienes (　　　　　) pañuelo en tu bolso? —No, no tengo ninguno.

2 天候を表す動詞を選び、適切な形にしよう（ただし、2度以上使用する語もある）。

> hacer, nevar, llover, estar

(1) En junio (　　　　　) mucho en Japón.

(2) Ahora (　　　　) nublado, pero va a (　　　　　) buen tiempo esta tarde.

(3) En invierno (　　　　) mucho frío. A menudo (　　　　) en alguna zona.

(4) ¿Cómo es el clima de aquí? —(　　　　) un poco calor.

3 (　　) 内の形容詞を適切な形にして、比較表現を書こう。

Ej. esta maleta, aquella (pesado) → Esta maleta es más pesada que aquella.

(1) Violeta, Germán (bajo)

(2) este vestido, esa falda (elegante)

(3) mi hermano mayor, mi hermano menor (trabajador)

(4) tu ordenador, aquel (nuevo)

4 適切な語を入れて、比較表現を完成させよう（ただし、2度以上使用する語もある）。

> más, menos, mejor, peor, mayor, menor

(1) En España el fútbol es (　　　　) popular que el béisbol.

(2) Mi tío tiene 47 años y mi padre 45. Mi tío es (　　　　) que mi padre.

(3) Me gustan sus obras nuevas. Son (　　　　) que las anteriores.

(4) En mi clase hay 25 alumnos. ¿Hay (　　　　) alumnos en tu clase?

    —No. Hay (　　　　) que en tu clase. Son 23.

(5) No me gusta esta manzana. Es (　　　　) que esa.

Conversación

2-49 **1** (En una frutería)

A: Hola. Quiero un kilo de manzanas y cinco kilos de patatas.

B: De acuerdo. ¿Algo más?

A: No, nada más.

2-50 **2**

A: ¿Esperas a alguien?

B: No, no espero a nadie.

A: ¿Necesitas algo?

B: Nada. Solo estoy por aquí. A ver si hay algún trabajo para mí...

A: Pues no hay ningún trabajo para ti.

2-51 **3** (Por teléfono)

A: ¿Qué tiempo hace hoy en Kioto?

B: Hoy hace mucho frío. ¿Y ahí en Madrid?

A: Hoy no hace buen tiempo. Va a llover dentro de poco.

2-52 **4** (En una tienda)

A: ¿Qué tal le queda la chaqueta?

B: Me queda un poco pequeña. ¿Tiene otra más grande?

A: Sí, aquí tiene.

B: Esta me queda bien. Voy a comprarla.

Lección
10

Aplicamos 単語を入れかえて練習しよう

1. 買うものを次の語から選び、注文する量を変えよう

   pera, tomate, cebolla, fresa, zanahoria

4. chaqueta を pantalones に変えよう

▶ 次の日本語をスペイン語にしよう。

(1) 今日はとても良い天気だが寒い。

(2) 明日雪は降らないだろう。

(3) 日本では 6 月は雨がたくさん降る。

(4) 今日南部は曇り、北部は暑いだろう。

(5) 今日東京は天気が悪いが、大阪では天気が良い。

Comprensión auditiva

2-53 **1** 会話を聞いて、内容に合う選択肢を 2 つ選ぼう。

(1) (En una librería)
  (a) Le interesa la historia uruguaya.
  (b) Ellos no tienen libros de Uruguay.
  (c) La chica busca un libro sobre la economía de Paraguay.
  (d) En esta librería no hay ningún libro de cocina de Uruguay.

2-54 (2) (En una tienda de bicicletas)
  (a) Esta bicicleta es más cara y bonita.
  (b) Esta bicicleta es más barata que aquella.
  (c) Aquellas bicicletas son blancas y amarillas.
  (d) A ella le gusta aquella bicicleta.

2-55 (3) (El pronóstico del tiempo)
  (a) Hay chubascos en toda España hoy.
  (b) En la zona norte está despejado por la tarde.
  (c) En la zona sur hace buen tiempo por la mañana.
  (d) En zonas de montaña necesitamos paraguas.

Lo sentimos. 「申し訳ありません」	de momento 今のところ
Está despejado. 「快晴である」	Hay truenos. 「雷が鳴る」
Hay chubascos. 「にわか雨が降る」	Hace viento. 「風がある」

Actividades comunicativas A

❶ クラスメートに(1)〜(4)の質問をしよう。質問されたら例にならって数詞や否定語を使い答えよう。

Ej. ¿Conoces algún restaurante chino por aquí?

　—Sí, conozco uno bueno. / No, no conozco ninguno.

(1)　¿Tienes algún libro en español?

(2)　¿Tienes alguna amiga extranjera?

(3)　¿Conoces algún país asiático?

(4)　¿Conoces algún bar español bueno por aquí?

❷ 自分と家族あるいは親しい友人を、以下の点で比較する文を作り、クラスメートに伝えよう。また、クラスメートの答えを書きとろう。

Ej. Mi hermano es menos trabajador que yo.

	yo	mi compañero/a
年齢		
身長		
性格 (p.21)		

❸ 下記の表で、どちらを選ぶかあるいはどちらも選ばないかを、理由も考えてクラスメートに述べよう。また、クラスメートの答えを書きとろう。

Ej. Me gusta más el agua mineral que el café, porque es más sana.

　—No prefiero ninguno, porque no me gustan.

	yo	mi compañero/a
verano / invierno		
ordenador portátil / smartphone		
coche / metro		
español / inglés		

❹ 以下の都市の今日の天気をインターネットで調べて、クラスメートに伝えよう。

Ej. En Tokio hace buen tiempo hoy. No hace mucho calor.

(1)　Nueva York　　　　　(2)　Ciudad de México

(3)　Mumbai　　　　　　(4)　París

(5)　tu ciudad natal

Actividades comunicativas B

❶ クラスメートに (1)〜(4) の質問をしよう。質問されたら例にならって数詞や否定語を使い
答えよう。

Ej. ¿Conoces algún restaurante chino por aquí?

—Sí, conozco uno bueno. / No, no conozco ninguno.

(1) ¿Conoces alguna canción española?

(2) ¿Tienes algún amigo extranjero?

(3) ¿Conoces algún país europeo?

(4) ¿Conoces alguna pizzería italiana y buena por aquí?

❷ 自分と家族あるいは親しい友人を、以下の点で比較する文を作り、クラスメートに伝えよ
う。また、クラスメートの答えを書きとろう。

Ej. Mi hermano es menos trabajador que yo.

	yo	mi compañero/a
年齢		
身長		
性格 (p.21)		

❸ 下記の表で、どちらを選ぶかあるいはどちらも選ばないかを、理由も考えてクラスメート
に述べよう。また、クラスメートの答えを書きとろう。

Ej. Me gusta más el agua mineral que el café, porque es más sana.

No prefiero ninguno, porque no me gustan.

	yo	mi compañero/a
verano / invierno		
ordenador portátil / smartphone		
coche / metro		
español / inglés		

❹ 以下の都市の今日の天気をインターネットで調べて、クラスメートに伝えよう。

Ej. En Tokio hace buen tiempo hoy. No hace mucho calor.

(1) Buenos Aires

(2) Los Ángeles

(3) Hong Kong

(4) Roma

(5) tu ciudad natal

再帰動詞 **Verbos reflexivos** 2-56

levantar

levantarse

llamar

llamarse

acostarse

vestirse

bañarse

ducharse

maquillarse

lavar los platos

lavarse la cara

poner la caja

ponerse los zapatos

quitarse los zapatos

cortarse el pelo

limpiarse los dientes

sentarse

irse

道案内 **Expresiones para enseñar caminos** 2-57

seguir recto

doblar a la derecha

doblar a la izquierda

2-58 **1. 再帰動詞** Verbos reflexivos

再帰代名詞を伴って用いられる動詞を再帰動詞という。

levantarse	
me levanto	**nos** levantamos
te levantas	**os** levantáis
se levanta	**se** levantan

⚽**Práctica ❶** （　　）内に再帰代名詞を書き入れよう。

(1) (　　　) levantas　　(2) (　　　) levantan　　(3) (　　　) levanto

(4) (　　　) levantáis　　(5) (　　　) levanta　　(6) (　　　) levantamos

1) **直接再帰**

「自分自身を〜する」を表す。

Me levanto a las siete todos los días.

Regina se acuesta muy tarde.

¿Cómo te llamas? —Me llamo Julián.

Me visto antes de desayunar.

⚠ Quiero bañar<u>me</u> antes de salir.

⚽**Práctica ❷**　動詞を活用させよう。

(1) bañarse (vosotros)　　(2) maquillarse (yo)　　(3) vestirse (tú)　　(4) ducharse (él)

(5) acostarse (ustedes)　　(6) levantarse (nosotros)

2) **間接再帰**

直接目的語が自分の身体の部位や着るものを表す。

Mis hijos se lavan las manos antes de comer.

¿Qué te pones en la fiesta de esta noche? —Me pongo un vestido rojo.

Los japoneses se quitan los zapatos al entrar a casa.

⚽**Práctica ❸**　動詞を活用させよう。

(1) ponerse la corbata (yo)　　　　(2) lavarse la cara (ellos)

(3) cortarse las uñas (tú)　　　　(4) quitarse el sombrero (vosotros)

⚽**Práctica ❹** 動詞を活用させよう。

(1) ¿A qué hora (levantarse: vosotros　　　　　　　　) normalmente?

　　—(Levantarse　　　　　　　) a las ocho y media.

(2) Siempre (maquillarse: yo　　　　　　　　) para ir al trabajo.

(3) Mi padre (ponerse　　　　　　　) la corbata todos los días.

(4) ¿Cómo (llamarse　　　　　　　) aquellas chicas rubias?

(5) ¿Cuántas veces (limpiarse: tú　　　　　　　) los dientes al día?

　　—(Limpiarse　　　　　　　) tres veces al día.

(6) Voy a (acostarse　　　　　　　) temprano esta noche.

2. 再帰動詞のその他の用法 Otros usos de los verbos reflexivos　　2-59

① 強意

¿Ya te vas? —Sí, me voy.

Rocío se duerme en clase.

② 相互（主語は複数のみ）

Ellos se ayudan siempre con los deberes.

Nos vemos mañana.

③ 受け身（主語は事物のみ）

Se alquila el piso.

Se venden muebles antiguos.

④ 無人称（動詞は単数形のみ）

¿Cómo se dice "OK" en español? —En España se dice "vale".

¿Cuánto tiempo se tarda de tu casa a la universidad? —Se tarda 20 minutos a pie.

No se puede hablar por teléfono en el avión.

Lección
11

⚽**Práctica ❺** 動詞を活用させよう。

(1) Mis abuelos de 75 años (amarse　　　　　　　) mucho.

(2) (Irse: nosotros　　　　　　　) ya.

(3) (Venderse　　　　　　　) este coche.

(4) ¿Cómo (decirse　　　　　　　) "OMEDETOU" en español?

　　—(Decirse　　　　　　　) "felicidades" o "enhorabuena".

Ejercicios

1 動詞を活用させよう。

(1) Los niños (sentarse   ) en la clase.

(2) (Cortarse: yo   ) el pelo una vez al mes.

(3) ¿A qué hora (acostarse: tú   ) normalmente?

　　—(Acostarse: yo   ) a las once.

(4) Nosotros (conocerse   ) desde antes.

(5) Los futbolistas (ducharse   ) después del partido.

(6) Normalmente no (peinarse:yo   ) porque no me gusta.

(7) ¿Por qué Adrián (irse   ) a la escuela temprano?

(8) El niño (secarse   ) las lágrimas al ver a su madre.

(9) Mi padre (afeitarse   ) en el baño.

(10) Raquel (vestirse   ) y prepara el desayuno.

(11) (Alquilarse   ) habitaciones en esta zona.

(12) Cuando leo novelas, siempre (dormirse: yo   ).

(13) (Tardarse   ) unas 15 horas desde Tokio hasta Madrid.

(14) No (poderse   ) fumar aquí.

(15) ¿Dónde vais a (sentarse   )?

　　—Vamos a (sentarse   ) allí, a la sombra.

(16) Al entrar a casa, tienes que (quitarse   ) el abrigo.

2 日本語に合うように、（　）には再帰動詞を、[　]には適切な語を書き入れよう。

(1) 私は毎日 7 時半に起きる。

　　(   ) a las [   ] y [   ] [   ] [   ] [   ].

(2) 私の母はいつも同じ時間に寝ます。

　　Mi madre (   ) siempre a la misma [   ].

(3) ここから駅までどれくらいかかりますか？

　　¿ [   ] tiempo (   ) desde [   ] hasta la [   ]?

(4) 日本人は玄関で靴を履きます。

　　Los japoneses (   ) los [   ] en la entrada.

(5) ホアキンとレティシアはとても愛し合っています。

　　Joaquín y Leticia (   ) [   ].

(6) 君は今晩何時に寝るつもり？

　　¿[   ] [   ] [   ] vas a (   ) esta noche?

(7) ここでは WiFi に接続できます。

　　[   ] (   ) conectar al WiFi.

Conversación

2-60 **1**

A: ¿A qué hora te levantas normalmente?

B: Normalmente me levanto a las ocho y media.

A: ¡Qué tarde! ¿A qué hora te acuestas?

B: Me acuesto a las tres.

A: ¡Por eso te duermes en la clase!

2-61 **2**

A: Los japoneses se quitan los zapatos al entrar a casa, ¿y vosotros?

B: Nosotros los españoles no, pero a veces nos ponemos las zapatillas de casa.

2-62 **3** (En una fiesta)

A: ¿Os vais ya?

B: Sí, yo me voy. Tengo que estudiar para el examen de mañana.

A: Ah, vale. ¡Suerte!

B: Rafael se queda un poco más.

2-63 **4** (En la biblioteca)

No se puede comer aquí.

2-64 **5**

A: ¿Cómo se va a la estación?

B: Se va recto por esta calle, se dobla la primera esquina a la derecha. Está a la izquierda.

A: Muchas gracias.

Lección 11

Aplicamos 単語を入れかえて練習しよう

1. 起きる時間、寝る時間を変えよう
2. お風呂やシャワーを浴びる時間を、日本人とスペイン人で比べよう
4. 「ここでは飲めない」、「たばこを吸えない」に変えよう
5. 「そこを左に曲がり、まっすぐいって3つ目の角を右に曲がる」と答えよう

1 Raquel の一日に関する質問を書きとろう。書きとった質問に注意しながら文章を聴き、
質問にスペイン語で答えよう。

2-65 (1)

(2)

(3)

(4)

2-66

---

❶ 自分のある一日の行動について、スペイン語で書こう。
時間が決まっていれば時間も書こう。

Avanzamos

levantarse / salir de casa / llegar a casa / cenar / bañarse / acostarse

❷ 次の料理のレシピを読み、何の料理かクラスメートと一緒に考えてみよう。

Ingredientes:
・4-5 patatas (medio kilo)
・sal (una pizca)
・aceite
・3-4 huevos

Primero se pelan patatas a dados, y se echa un poco de sal. Luego se calienta el aceite en la sartén y se fríen las patatas a fuego lento unos 20 minutos. Mientras, se baten los huevos y se echa un poco de sal, si se quiere. Después de freírlas, se escurren y se mezclan con los huevos, y se ponen en la sartén con un poco de aceite. Se deja unos 10 minutos a fuego lento. Se da la vuelta y se deja un poco más en la sartén. Se pone en el plato. ¡Que aproveche!

Actividades comunicativas A

❶ 地図を見ながら、クラスメートに尋ねよう。

Ej. ¿Cómo se va al parque?

　—Se va recto por la avenida Feria, se dobla la segunda esquina a la derecha, y está a la izquierda.

(1) ¿Cómo se va al campo de fútbol?

(2) ¿Cómo se va al banco?

(3) ¿Cómo se va a la iglesia?

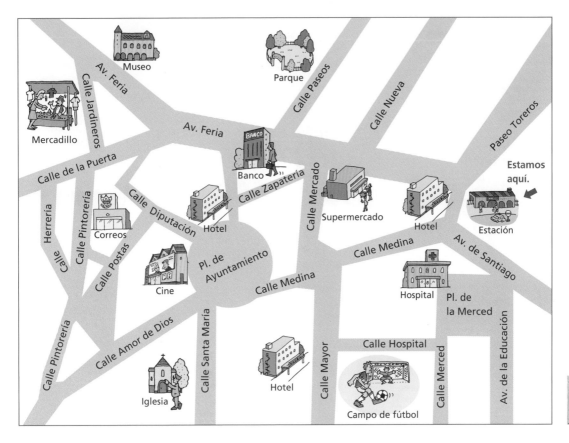

❷ クラスメートに (1)〜(6) を尋ねよう。尋ねられたら p.86 Avanzamos **❶** をもとにスペイン語で答えよう。

(1) ¿A qué hora te levantas?

(2) ¿A qué hora sales de casa?

(3) ¿A qué hora llegas a casa?

(4) ¿A qué hora cenas?

(5) ¿A qué hora te acuestas?

(6) ¿Te bañas por la noche o por la mañana?

Actividades comunicativas **B**

1 地図を見ながら、クラスメートに尋ねよう。

Ej. ¿Cómo se va al parque?
—Se va recto por la avenida Feria, se dobla la segunda esquina a la derecha, y está a la izquierda.

(1) ¿Cómo se va al supermercado?

(2) ¿Cómo se va al Correos?

(3) ¿Cómo se va al museo?

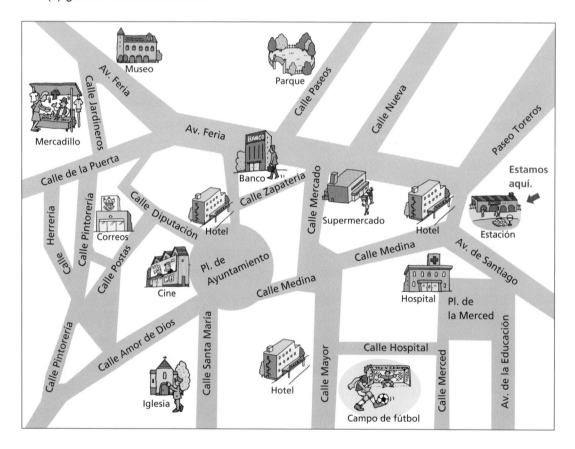

2 クラスメートに (1)～(6) を尋ねよう。尋ねられたら p.86 Avanzamos **1** をもとにスペイン語で答えよう。

(1) ¿A qué hora te levantas?

(2) ¿A qué hora sales de casa?

(3) ¿A qué hora llegas a casa?

(4) ¿A qué hora cenas?

(5) ¿A qué hora te acuestas?

(6) ¿Te bañas por la noche o por la mañana?

本文イラスト — 木村襄之

装丁・本文イラスト彩色 — メディアアート

彩(いろど)りスペイン語

検印省略

©2021年1月30日 初版発行
2024年1月30日 第4刷発行

著 者 辻 博子
野村明衣

発行者 原 雅久
発行所 株式会社 朝日出版社
〒101-0065 東京都千代田区西神田 3-3-5
TEL (03) 3239-0271・72（直通）
振替口座 東京 00140-2-46008
http://www.asahipress.com/
メディアアート／図書印刷

乱丁・落丁本はお取り替えいたします
ISBN 978-4-255-55119-7 C1087

朝日出版社 スペイン語一般書籍のご案内

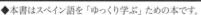